GW01606220

En tenue d'Ève

Du même auteur

Comment les rabbins font les enfants
Sexe, transmission et identité dans le judaïsme
Grasset, 2015

Des mille et une façon d'être juif ou musulman
Dialogue
(avec Rachid Benzine)
Seuil, 2017

Delphine Horvilleur

En tenue d'Ève

Féminin, pudeur et judaïsme

POSTFACE INÉDITE

Bernard Grasset

ISBN 978-2-7578-6966-6
(ISBN 978-2-246-78745-7, 1re publication)

Le monde ne se maintient que grâce
au souffle des enfants qui étudient.
(TALMUD)

À mes enfants
Samuel, Ella et Alma
Pour qu'ils construisent un monde
de leurs lectures renouvelées.

Enveloppez-vous de cette peau, sortez de ce palais, et allez tant que terre vous pourra porter : lorsqu'on sacrifie tout à la vertu, les dieux savent en récompenser.

Charles PERRAULT,
Peau d'Âne

Introduction

Nous vivons depuis des décennies dans une civilisation du « rien à cacher », une ère de la monstration où il convient de n'entraver que très peu le désir de voir et de se donner à voir. La visibilité et la transparence sont encensées, en tant que manifestations de la liberté individuelle. Dans la vie politique ou dans les relations humaines, la transparence est perçue comme un gage de moralité, une promesse d'authenticité et de sincérité. Toute opacité relève, au contraire, de l'aveu de culpabilité ou du comportement suspect. Au nom de la visibilité, l'intimité est souvent bafouée et les frontières de la vie privée deviennent floues.

À l'heure de la téléréalité ou de Facebook, que peut bien signifier la pudeur ? Pour certains, elle n'est que le résidu ringard, anachronique et nocif d'un temps révolu. Pour d'autres, au contraire, elle est à réhabiliter au cœur d'une société qui en montrerait trop. Ces dernières années, les discours les plus virulents en faveur d'une pudeur à imposer ont émané de certains porte-parole religieux, et particulièrement des défenseurs du voile islamique. Selon eux, les obscénités de la société occidentale seraient une menace telle, pour les femmes et leur dignité, qu'elles justifieraient qu'on les encourage à se couvrir.

Le propre de ces discours religieux fondamentalistes est d'affirmer que leur appel à la pudeur est au service de la femme alors qu'il vise bien souvent son effacement. Il s'agit d'éradiquer « pour son bien » la femme de l'espace public et de se débarrasser avec elle du désir qu'elle pourrait susciter.

Cette obsession de l'extinction du désir a quelque chose d'obscène, tant l'autre y est réduit à la tentation qu'il représente. En cela, la modestie imposée par les traditions religieuses relève bien souvent du paradoxe : elle fait prendre le risque de l'obscénité, tout en se réclamant de la pudeur. Elle fait du corps de la femme tout entier un tabou, tel un sexe à cacher en permanence dans l'espace public. Chaque femme, réduite au statut d'être sans visage, c'est-à-dire sans individualité, n'a plus à exprimer que sa nature sexuée.

En symétrie, l'homme se retrouve amputé symboliquement d'une partie de son anatomie : ses paupières. Chaque homme n'est plus qu'un œil, ou plus exactement ce que Fethi Benslama appelle un « homme-pupille [1] », un être obligé de « mater » et incapable de restreindre sa vision ou de cligner les yeux. À défaut de membrane obstruant sa vue, il exigerait de la femme qu'elle se couvre du voile-paupière dont il est dénué. Femme sans visage et homme sans paupière : à trop vouloir protéger les corps, on ampute symboliquement celui des deux sexes.

1. « Le Voile de l'Islam », *Contretemps*, 2/3, p. 99-111, 1997.

Voilà pourquoi il est urgent que des voix religieuses de toutes les traditions revisitent aujourd'hui la notion de pudeur au cœur des textes sacrés. La pudeur ne peut consister en un voilement obsessionnel du corps de l'autre. Il s'agit plutôt d'accepter qu'aucun être ne soit entièrement visible dans sa nudité. Aucun être n'a fini de se dévoiler. Quelque chose en lui nous échappe toujours, car il n'est réductible ni au désir qu'il suscite en nous, ni aux images qu'un texte sacré en véhicule.

Il en va des hommes comme il en va des textes. La seule lecture pudique des textes religieux est celle qui affirme qu'ils n'ont pas encore été complètement révélés, mis à nu par des lectures et des lecteurs passés. Quand l'interprétation les fige, elle les profane. Dès lors, sont-ils encore sacrés ? Ils ne peuvent le rester que si l'on accepte qu'ils n'aient pas fini de montrer et de dire.

C'est seulement ainsi que nous pouvons débuter notre voyage à travers le texte. Si cet ouvrage se penche spécifiquement sur les sources juives, une telle exploration ne peut concerner exclusivement le judaïsme. Aucune tradition religieuse n'a le monopole des lectures impudiques. Il revient à toutes de mener un travail pour sortir des interprétations obscènes dans lesquelles certains de leurs lecteurs ou de leurs dirigeants s'enferment bien souvent.

No woman's land

Autobus 451 : Ligne Ashdod – Jérusalem.

Tanya Rosenblit, une jeune femme de 28 ans, monte à bord du véhicule de la compagnie publique Egged. Elle s'assoit juste derrière le chauffeur, à l'avant du bus, pour qu'il puisse lui indiquer l'arrêt auquel elle devra descendre. Un homme monte alors à bord de l'autobus et lui demande de changer de place pour s'installer au fond du véhicule avec les autres femmes. Sur cette ligne dite « *casher* », des juifs ultra-orthodoxes, les *H'aredim*, tentent d'imposer une stricte séparation entre hommes et femmes. Une telle ségrégation est illégale en Israël, mais dans les faits quelques lignes de bus la tolèrent. Pas Tanya Rosenblit. La jeune femme refuse de bouger, et le ton monte rapidement. L'homme bloque les portes du bus pour empêcher son départ, mais la jeune femme ne cède pas. C'est finalement à cette place qu'elle voyage jusqu'à Jérusalem. En quelques heures, l'information est relayée par les réseaux sociaux, puis par la presse qui fait de cette jeune Israélienne une nouvelle Rosa Parks, icône de l'opposition à la discrimination[1].

1. Rosa Parks avait refusé de céder sa place à un passager blanc dans un bus du Sud des États-Unis, en 1955. Elle allait

Nous sommes le 16 décembre 2011. À partir de cet incident, et en l'espace de quelques semaines, plusieurs événements semblent dessiner une tendance à l'œuvre dans le monde religieux ultra-orthodoxe : l'exclusion croissante des femmes de nombreux espaces publics. La presse israélienne conceptualise alors, par le terme inédit de *Hadarat Nashim* (exclusion des femmes), cette tentative de les tenir éloignées de sphères publiques ou d'espaces collectifs.

Dans certains quartiers ultra-orthodoxes du pays, se multiplient les pancartes en pleine rue pour inciter à une séparation physique entre hommes et femmes. « FEMME : NE T'ATTARDE PAS ICI ! », « CHANGE DE TROTTOIR ! ». Le parlement, le gouvernement, et les Israéliens dans leur immense majorité crient au scandale. Le Premier ministre Benjamin Netanyahou et le président de l'État, Shimon Pérès, dénoncent fermement ces dérives : pas question qu'un petit groupe extrémiste ne menace les fondements égalitaires et les valeurs libérales de la société israélienne.

Pourtant, à Jérusalem, les visages des femmes disparaissent de nombreuses affiches publicitaires de la ville, sous la pression exercée par les communautés ultra-orthodoxes. En image ou en chair et en os, les femmes s'éclipsent, invitées à s'éloigner pour ne pas gêner les hommes. Cet effacement est toujours exigé au nom d'une valeur religieuse, appelée en hébreu *tsniout*, ou « modestie ».

---

ainsi devenir une figure emblématique de la lutte contre la ségrégation raciale.

Pour vivre heureux, vivons caché(e)s

La *tsniout* est un concept religieux qui prescrit à l'origine le comportement à suivre afin d'éviter toute situation de promiscuité, de se préserver de toute débauche, et de maintenir une attitude humble et discrète en toute circonstance.

Tel que décrit dans la littérature traditionnelle juive, il concerne en principe autant les hommes que les femmes. Dans l'expérience quotidienne, cette « modestie » appelle la femme seule à la retenue et à la distance. La recherche d'une modestie masculine semble, en tout cas, ne pas faire l'objet des mêmes assiduités que celle des femmes. Sur Internet fleurit ainsi, depuis des années, un marché du vêtement pudique pour femmes pratiquantes, tandis que publicités et articles de presse garantissent l'épanouissement social, voire sexuel, pour le couple qui observe les principes de la modestie. Un site juif de conseil conjugal l'affirme : « Nulle sexualité ne peut être satisfaisante à tous les niveaux si les notions de sainteté et de pudeur ne sont pas respectées [1]. »

Mais quel danger peut donc constituer pour l'homme la présence physique d'une femme et sa trop grande visibilité ? Les ultra-orthodoxes insistent sur la double menace que représente, selon eux, l'exposition du féminin. En premier lieu, l'homme risque de perdre le contrôle, de se dévoyer, d'être

1. www.ecoute-juive.com/nidah-sexualite-et-plaisir-femme-et-thora.php

détourné du droit chemin par la femme tentatrice. Mais c'est aussi la dignité féminine elle-même qui serait en péril. Ainsi faudrait-il protéger les femmes d'elles-mêmes, pour les ramener à leur destin véritable ou à leur essence : le voilement.

Dans la tradition juive, la pudeur des femmes est fréquemment associée à un verset biblique censé la prescrire : « Le trésor de la fille du roi est à l'intérieur[1]. » Hors de tout contexte, cette phrase est loin d'être explicite. À l'origine, elle décrit la richesse matérielle de l'héritière d'un souverain comme un trésor qu'il convient de dissimuler. Mais l'interprétation rabbinique traditionnelle s'appuie sur elle pour justifier la nécessité de contenir toute femme à l'intérieur – à la fois d'elle-même et de son foyer – pour faire d'elle « une femme d'intérieur » et empêcher ainsi le féminin d'échapper au monde domestique. La « fille du roi » est « honorée » par son éloignement du monde extérieur. Cette relégation garantit et pérennise l'exclusion de la gent féminine de la sphère publique au sein de laquelle elle constituerait un danger, tant pour l'homme que pour l'ordre social. En parfait avocat contemporain de cette interprétation, le rabbin Zvi Tau, un des leaders du judaïsme orthodoxe en Israël, déclarait en juillet 2012 que « le foyer est le lieu privilégié pour l'épanouissement d'une femme, et non la sphère sociale. C'est à la maison, hors de l'agitation [du monde] que la femme peut vivre pleinement sa vie[2] ».

1. Psaumes 45 : 14.
2. *Haaretz* – 31 juillet 2012.

Partant, dès qu'elle s'aventure à l'extérieur, elle doit couvrir son corps ainsi que ce qui dépasse, tout particulièrement sa tête et sa chevelure si elle est mariée, afin de ne pas provoquer l'homme, qu'un tel spectacle mettrait « hors de lui ». L'appel à la modestie s'étend d'ailleurs à tout ce qui émane de la femme, pas simplement sa chevelure, sa peau ou ses vêtements, mais également sa voix. Dans le Talmud, un sage affirme que « la voix d'une femme est une nudité [1] ». De cette opinion personnelle, certains voudraient tirer une loi indiscutable. Selon eux, la voix féminine, chantée ou même parlée dans certaines circonstances, constituerait une indécence, une exhibition qu'il faudrait contenir ou voiler dans l'espace public.

« La voix des femmes est une nudité »

En l'espace de quelques semaines, d'autres piliers de la mixité sociale en Israël sont secoués par de nouvelles dérives sectaires et, parmi eux, un des cœurs emblématiques de l'égalité entre les sexes que constitue l'armée.

À peu près au moment où Tanya Rosenblit élève la voix et refuse de quitter sa place, ce sont des soldats de Tsahal qui quittent la leur en pleine cérémonie militaire, au prétexte que des chants de femmes leur sont imposés durant la célébration. L'armée israélienne, connue pour la mixité de ses troupes instaurée dès ses origines, est soudain secouée par un étrange

1. Talmud de Babylone – traité Berakhot 24a.

appel formulé par un rabbin israélien. Elyakim Levanon, directeur d'une *yeshiva* (une école talmudique) qui envoie ses étudiants servir sous les drapeaux, appelle les soldats religieux en service à quitter toute cérémonie où chanteraient des femmes. Il s'appuie, lui aussi, sur ce même mystérieux passage talmudique qui affirme que « la voix de la femme est une nudité » et invite ses étudiants à boycotter toute manifestation où le chant des femmes se fait entendre, « même au risque de leur vie[1] ». L'État-Major ne cède pas et condamne fermement tout appel à la ségrégation, mais 2012 offre une surprenante version rabbinique du chant des sirènes de l'Odyssée d'Ulysse.

S'agit-il d'une interprétation extrême, marginale et non représentative ou bien d'une lecture fidèle des sources ? Sans appeler les hommes à payer le prix de leur vie, d'autres autorités rabbiniques à travers le monde relaient cette interdiction d'entendre chanter la femme. En France, la nudité que constituerait la voix d'une chanteuse est invoquée régulièrement par des représentants du judaïsme : en mars 2010, par exemple, le Grand rabbin de Paris, David Messas, avait tenté d'empêcher la chanteuse Talila de se produire dans un centre communautaire de la banlieue parisienne, au nom de ce même interdit, avant de faire marche arrière[2].

Tandis que se multiplient les récits de ségrégations entre hommes et femmes, certains, qui professent

1. *Haaretz*, 16 janvier 2012.
2. *Le Monde*, 5 mars 2010.

une vision plus moderne au sein même du monde orthodoxe, s'efforcent de souligner la marginalité de ces événements dans le monde juif.

Plusieurs personnalités religieuses affirment que ces dérives intégristes ne sont que le fait de groupuscules minoritaires et non représentatifs à l'intérieur de l'ultra-orthodoxie. Elles ne constitueraient en rien des héritages légitimes de la lecture juive des textes. Dans un entretien donné à l'AFP le 7 janvier 2012, le Grand rabbin de France, Gilles Bernheim, qualifie « ces ultra-orthodoxes, très médiatisés, (...) d'infime minorité », tout en déplorant le « silence de certains rabbins (qui) laissent la rue aux extrémistes ».

Ici et là, des appels à une interprétation plus ouverte sont formulés. Des contre-offensives sont même organisées. Le rabbin orthodoxe Menachem Froman invite, en pleine controverse, des musiciens – hommes et femmes – à se produire dans sa synagogue. Interrogé sur la tolérance et sur la place des femmes dans son lieu de prière, il déclare : « Il y a des valeurs laïques qui comptent pour moi, et la place de la femme dans la société moderne est à mes yeux plus proche du divin que ce qu'elle n'était dans la société traditionnelle. » Il ajoute : « La femme ne se résume pas à l'opportunité de tentation qu'elle constitue[1]. »

Au cœur de la polémique, s'affrontent des visions qui ne sont pas nécessairement conciliables. La modernité piétine-t-elle la tradition ou peut-elle être elle-même porteuse de sacré ? Comment peut-on

1. *Haaretz*, 16 décembre 2011.

déterminer si une interprétation est légitime, anachronique, ou corrompue ?

La femme tout-génitale

Quels points communs y a-t-il entre tous ces événements récents ? Ces appels récurrents à l'exclusion et à la ségrégation s'appuient tous sur le texte et se revendiquent comme des interprétations légitimes et traditionnelles, dans le prolongement des sources sacrées dont ils offriraient les seules lectures fiables.

Ni visible, ni audible, la femme est tenue à distance de la sphère publique. Son corps, et par métonymie ce qu'il montre ou ce qu'il émet, vient à être considéré comme une nudité exposée, à même de susciter le désir des hommes. Ainsi assiste-t-on à un discours religieux d'hyper-sexualisation de la femme, réduite à ce que son corps catalyse potentiellement chez l'autre.

Au nom de la pudeur, toute surface visible ou audible est rendue potentiellement obscène. Chez la femme, la zone d'exposition impudique s'étend au corps tout entier, jusqu'à inclure des éléments anatomiques cachés, comme les cordes vocales. Son corps est ainsi plus nu que celui d'un homme, car il l'est à la fois dehors et dedans, exposé même quand il est couvert. Ce qui, chez l'homme, porte la parole et traduit la pensée – la voix –, constitue chez la femme une génitalité. Le féminin porte atteinte à la pudeur, non seulement dans l'exhibition de ses organes sexuels, mais aussi dans celle de sa tête, érotisée.

Cette obsession constitue-t-elle la pathologie d'un groupuscule ou est-elle légitimée par la tradition ? L'obsession du sexuel est-elle d'origine textuelle ? L'interprétation des textes pousse-t-elle fatalement à attribuer aux femmes la responsabilité du désir irrépressible qu'elles suscitent ?

Tête couverte

L'hyper-génitalisation du corps de la femme n'est ni spécifique à la tradition juive, ni au monde religieux. Dans son tableau intitulé *Le Viol*, Magritte a peint le visage d'une femme dont la tête est remplacée ou symbolisée par les organes sexuels. Les yeux sont des seins, la bouche est un pubis. Le peintre semble suggérer que la violence faite aux femmes passe souvent par une transformation de leur visage en zone génitale, en objet de désir. Dans ce tableau, comme dans un certain fondamentalisme religieux, s'exprime une inégalité flagrante entre les sexes : si la voix de l'homme est un outil d'expression publique, celle de la femme n'est qu'un outil d'expression « pubique ».

Howard Eilberg-Schwartz et Wendy Doniger, dans leur livre *Off with her head ! The denial of women's identity in myth, religion and culture*[1], affirment que la volonté de voiler les femmes dans de nombreuses cultures naît précisément de l'érotisation de leur visage et de leur tête. Se débarrasser de la tête en la couvrant constitue une décapitation

1. University of California Press, 1995.

symbolique, par laquelle on escamote le marqueur principal de l'autonomie personnelle, de la différenciation individuelle.

Voiler le féminin, son visage ou sa chevelure est un phénomène commun à plusieurs religions et cultures. Le voile islamique en est l'expression la plus célèbre, et sans doute la plus débattue ces dernières années. Mais le phénomène est, ou a été, présent dans d'autres civilisations, orientales et occidentales. La culture hellénique en fournit un exemple. L'origine du mot « nubile », en âge de se marier, est le latin *nubere* qui signifie littéralement « se voiler » (de *nubes*, la nuée). Dans la Grèce antique, le mariage est associé à un acte de couverture de la tête. Au cœur de la cérémonie nuptiale, figurait un rituel appelé « *anakalupteria* » – moment dans le mariage où la fiancée montrait temporairement son visage avant de le couvrir à nouveau.

Voiler le visage de la fiancée semble marquer, dans de nombreuses cultures, le changement de statut de l'épousée. On retrouve cette association dans le mariage juif, où la cérémonie débute traditionnellement par un épisode de découvrement / recouvrement. L'époux approche de la fiancée, observe son visage puis le recouvre d'un voile. À compter de ce moment précis, dans les milieux juifs les plus orthodoxes, la femme a la tête couverte et ne dévoile sa chevelure qu'en privé à son époux.

Dans les écrits du monde chrétien, Paul défend, lui aussi, le voile. Selon lui, c'est dans l'acte de se couvrir que se manifeste ostensiblement la différence des sexes. Dans *L'Épître aux Corinthiens*, il écrit qu'il revient à l'homme d'être dévoilé et à la femme d'être voilée car « tout homme qui prie la tête couverte déshonore sa tête, toute femme qui prie la tête découverte déshonore sa tête ». Du point de vue de l'apôtre, la femme affirme ainsi qu'elle est sous l'autorité de son mari. Parce que la femme a été créée pour l'homme et non l'inverse, elle doit porter sur la tête un signe de soumission.

En contrepoint de la théorie de Paul, dans le judaïsme, la tête couverte n'est pas le propre de la femme. Les hommes pratiquants portent la kippa. On ignore à quand remonte précisément cette tradition, qui n'apparaît pas dans les textes antiques, mais semble devenir normative à l'époque du Moyen Âge. Cette couverture masculine exprime, elle aussi, une forme de soumission, ou plus exactement la reconnaissance qu'il existe une autorité transcendante, en dessous de laquelle se trouve humblement l'homme.

Les hommes et les femmes ne couvrent donc pas leurs têtes pour les mêmes raisons dans le judaïsme : les premiers sont invités à marquer la présence de la transcendance dès l'enfance et en toute circonstance, tandis que les secondes se couvrent lorsqu'elles sont mariées, et uniquement en public. Si le voile, le chapeau ou la perruque peuvent symboliser une forme de soumission[1], ils constituent surtout un marqueur social qui informe autrui de la non-disponibilité de la femme couverte. Le couvre-chef vient ainsi réglementer la tentation des autres hommes.

1. Selon le rabbin Louis Epstein, la femme juive se couvrirait d'abord pour signaler qu'elle est la propriété exclusive d'un homme. Voir Louis M. Epstein, *Sex Laws and customs in Judaïsm*, Ktav Pub. House, 1968.

Il convient d'insister sur le fait que le désir lui-même n'est pas condamnable dans cette vision : la femme non mariée peut rester tête nue parce qu'elle peut être alors légalement désirée. Le problème n'est donc pas d'éveiller le désir chez l'homme, mais d'éveiller chez lui un désir interdit, qui pourrait le mener à convoiter le « bien » d'un autre. Il ne s'agit donc pas d'une question de tentation mais de propriété. Le voile, ici, doit agir comme un frein à la libido masculine : il a vocation à domestiquer la femme et le désir qu'elle suscite, au nom de l'ordre social.

La femme : héros ou zéro

Le modèle de la femme d'intérieur ou « domestiquée » n'est pas celui qui habite les pages de la Bible. De nombreuses héroïnes bibliques s'illustrent au contraire par leur capacité à jouer un rôle public et politique. Plusieurs sont décrites comme des prophétesses, dont la parole, les actes et les chants guident le peuple. Parmi elles, on peut évoquer Esther, Myriam, Deborah, Ruth, Tamar, ou encore la jeune bergère du Cantique des Cantiques qui chante son désir dans l'apologie d'une féminité libre et d'une relation amoureuse non domestiquée.

Mais les littératures juive et chrétienne éditées aux premiers siècles de notre ère changent radicalement de ton à l'égard des femmes. Les écrits rabbiniques et ceux des premiers chrétiens semblent réorienter le rapport au féminin et à la femme, sans doute sous l'influence du monde gréco-romain.

La femme est soudain décrite autrement. Voilà qu'on fait « porter le chapeau » à la fauteuse de trouble, la responsable de la transgression originelle ou de la décadence humaine. Juifs et chrétiens mettent dès lors l'homme en garde contre la fréquentation des femmes, et une essence féminine néfaste par nature.

Ainsi Philon, juif évoluant dans un milieu hellénisé, écrit-il au Ier siècle : « La femme est une créature égoïste, excessivement jalouse et qui tente de ruiner l'engagement moral de son mari et de le séduirc par ses impostures continues[1]. » L'historien romain Flavius Josèphe affirme, quelques décennies plus tard, que la femme constitue un danger pour la communauté des hommes : « Faire entrer des femmes dans un groupe ouvre la voie aux dissensions[2]. »

Certaines lois juives édictées à cette époque instituent tout de même un statut précurseur pour la femme et une forme de protection sociale : le contrat de mariage tel que défini par le Talmud offre, par exemple, des droits à l'épouse pendant l'union et en cas de divorce. Toutefois, la littérature juive au tournant de notre ère est à l'image de son temps, une invitation à maîtriser ou à domestiquer la femme. Les droits et la protection dont la femme bénéficie sont conditionnés à son statut de mère et d'épouse. Elle en dispose dès lors qu'elle accepte ce statut d'intériorité, c'est-à-dire son enfermement dans la maison. Ben Sira, un auteur juif du IIe siècle avant notre ère, écrit : « Une fille est un trésor qui empêche

1. *Hypothetica* XI : 14.
2. Flavius Josèphe, Antiquités Judaïques, 18 : 21.

son père de dormir la nuit. Mieux vaut la cacher dans une pièce sans fenêtre[1]. » La femme est un bien précieux à cacher pour son propre bien, celui de sa famille et de la société. La présence intérieure (et de préférence « sans fenêtre » sur l'extérieur) au service d'un homme est le rôle qu'on lui assigne alors : « Les femmes doivent être les esclaves de leurs maris, une servitude imposée non pas violemment mais en promouvant une obéissance en toute chose », écrit ainsi Philon[2]. La femme est clairement placée dans un statut de dépendance à l'égard d'un tiers. Elle est un « zéro », au sens d'une « moins que un », un individu sans autonomie, qui n'est intègre que sous l'autorité du père ou de l'époux auquel elle est soumise.

A contrario, la femme insoumise porte, dans la littérature rabbinique, des noms très révélateurs. Elle est parfois appelée *yatzanit*, littéralement « celle qui sort à l'extérieur », l'extravertie, la dévergondée. Ailleurs, elle est qualifiée de *moufkeret*. L'adjectif, qui à l'origine définit une terre abandonnée, en friche et sans propriétaire, sert aussi à qualifier une femme qui n'est pas sous l'emprise et le contrôle d'un homme. Par extension, il définit une prostituée. Sans maître ni propriétaire, sa dignité est menacée, et avec elle, la paix sociale.

Maintenue dans le foyer, la femme est aussi tenue à distance des lieux de pouvoir. Or le centre du pouvoir n'est pas, pour les rabbins, la rue ou le forum mais un espace qui constitue le « no woman's land »

1. Ben Sira, 42 : 9-11.
2. *Hypothetica* VII : 3.

par excellence : la yeshiva, la maison d'étude. Le chef est d'abord et avant tout l'érudit : celui qui exerce son pouvoir par son savoir, sa lecture et son interprétation, autrement dit, par sa voix.

De Yentl à aujourd'hui

La *yeshiva* est traditionnellement un monde d'hommes qui lisent et qui parlent, le lieu du brouhaha de l'étude. C'est donc un lieu dans lequel la femme, silencieuse et cachée, n'a rien à faire, un espace dans lequel elle symbolise la marginalité absolue. D'où le mythe littéraire d'une Yentl, merveilleusement décrit par Isaac Bashevis Singer[1] et incarné au cinéma par Barbra Streisand. Dans cette nouvelle, la jeune Yentl, passionnée par l'étude et élevée par son père dans l'amour des textes, se déguise en homme pour accéder à la *yeshiva*. Elle y rencontre Avigdor dont elle tombe amoureuse tandis qu'il la prend pour Anshel, un jeune étudiant avec qui il plonge passionnément dans les pages des livres et le débat talmudique. Lorsqu'elle finit par lui révéler son identité, il ne peut croire qu'elle ait osé transgresser de tels interdits. S'habiller et étudier comme un homme constitue un double travestissement. Sans ces transgressions, lui dit-il, « nous aurions pu nous marier ». « Mais je veux étudier le Talmud et les commentaires avec toi, et non repriser tes chaussettes », lui répond Yentl.

1. *Yentl the Yeshiva Boy*, 1983.

Et si une femme étudiait avec nous ? La question rhétorique est posée par les rabbins à travers d'autres mythes littéraires, y compris dans le Talmud. On y croise notamment une certaine Berouria dont il est dit qu'elle était plus érudite que tous les hommes qui l'entouraient. Mais chaque fois qu'ils envisagent une telle situation, les érudits y pointent une menace systémique pour la maison d'étude. Comme si la survie même de cette organisation politique et sociale qu'est la *yeshiva* dépendait de l'exclusion des femmes. Comme si la structure risquait d'être ébranlée par la mixité et la confusion des genres.

Jouant sur le célèbre qualificatif de « peuple du livre », Armand Abecassis décrit les juifs comme « peuple de l'interprétation du Livre ». Or, en réalité, pendant des millénaires, seule la moitié du peuple a été invitée à participer à cet exercice sacré de l'interprétation et de la lecture. Les temps ont changé et notre génération assiste à une révolution.

Au cours des dernières décennies, les femmes sont entrées dans l'étude, par la porte de certaines *yeshivot*.[1] Dans les années trente, Regina Jonas devient, en Allemagne, la première femme rabbin. Aux États-Unis, depuis les années soixante-dix, le rabbinat se féminise, les maisons d'étude s'ouvrent à la mixité. C'est le cas dans le monde juif libéral, bien sûr, mais aussi dans le monde traditionaliste. S'y développent des *yeshivot* où les femmes étudient le Talmud[2], seules ou avec des hommes. Sarah Hurvitz est la

1. Pluriel de *yeshiva*.

2. Par exemple, Drisha Institute à New York, ou Matan, à Jérusalem.

première femme à avoir obtenu en 2009 le titre de « *rabba* » (rabbin au féminin) dans un séminaire orthodoxe. Bien entendu, son ordination n'est pas reconnue partout, et notamment par les voix consistoriales du judaïsme français. Nous ne sommes, en France, que deux femmes rabbins, et nous officions au sein de mouvements libéraux. Notre légitimité n'est pas aujourd'hui reconnue par le Consistoire, même si plusieurs millions de juifs à travers le monde sont affiliés aux mouvances progressistes du judaïsme.

Le Grand rabbin de France a affirmé, début 2011 (peut-être en réaction aux épisodes de ségrégation en Israël), son souhait de développer et de promouvoir l'éducation religieuse des femmes. Un cercle « d'études juives au féminin » a ouvert ses portes à la grande synagogue de la Victoire en octobre 2012. Il est réservé exclusivement aux femmes.

Dans le monde religieux en général, il y a aujourd'hui une urgence à réhabiliter la voix des femmes en dialogue avec les textes et avec les hommes. Cette évolution n'est possible qu'à condition de cesser de percevoir le corps féminin comme une nudité exposée.

Préambule à une lecture juive… ou comment devenir un « obsédé textuel »

Interrogé par le journal *Libération* en 1998, le rabbin Marc-Alain Ouaknin, célèbre exégète des sources juives, se définit comme un « obsédé textuel[1] ». Tel pourrait bien être le syndrome dont sont atteints tous les interprètes des sources juives : la passion du texte et de son commentaire.

Lorsque, en l'an 70, le temple de Jérusalem est détruit, un petit groupe d'érudits prend la tête d'une révolution religieuse qui va permettre le passage d'un judaïsme de prêtres et de prophètes, de sacrifices et de pèlerinages, à un judaïsme de rabbins et de sages, de prières et de synagogues. Privé du centre géographique où s'exerçait exclusivement le culte, ces rabbins créent et imposent une nouvelle classe dirigeante et une autre modalité rituelle. Dorénavant, le divin s'approche dans le texte, et non par l'intermédiaire d'animaux sacrifiés. C'est le livre, et son interprétation, qui devient le lieu de rendez-vous privilégié avec le sacré, et non plus le parvis du temple. Le temps de la lecture devient l'espace du culte. La culture du texte et de son interprétation

1. *Libération*, 22 juin 1998.

est sans doute, à sa manière, le temple reconstruit du judaïsme rabbinique.

Ainsi, dans cette révolution, le peuple juif est-il devenu peuple de l'interprétation du Livre ou plus exactement, des interprétations du Livre. La littérature des commentaires est composée d'exégèses différentes : légales, narratives, mystiques... Cette richesse fait exploser le texte en une multitude de lectures et de sens possibles, en des significations croisées. La page de Talmud est le meilleur ambassadeur de cette polysémie : le texte s'y présente visuellement, depuis l'époque de sa transposition écrite, comme un entrecroisement d'opinions contraires, un dialogue entre des autorités d'époques différentes commentant un même verset ou un même texte. N'ayant souvent pas vécu à la même époque, ni au même endroit, ces commentateurs se rencontrent dans la page, permettant à l'esprit de l'un de fertiliser celui de l'autre. La page de Talmud est l'illustration littéraire de l'art de ne pas tomber d'accord. « Tomber d'accord » : l'expression française suggère bien que la conciliation est une chute. Comment, dès lors, ne pas considérer que le débat d'idées, le désaccord soit une élévation ? Dans la tradition juive, en tout cas, le dialogue contradictoire, élevé en valeur, porte un nom : *makhloket*, qui signifie littéralement « coupure », « scission ». Cette scission d'opinions et de paroles renvoie à la tradition talmudique, érigée en art de couper le texte en de nombreux fragments de lectures.

> « De même que la roche est divisée par le marteau en une multitude de fragments, un seul texte biblique donne lieu à de multiples interprétations [1]. »

Pour les rabbins du Talmud, le texte biblique s'apparente à une structure minérale et pétrifiée, une roche figée, qui n'attend qu'un coup porté par l'interprète, par le tailleur de pierre. Une fois la roche explosée, chaque fissure provoque un renouveau de lecture, jette un éclat précieux de sens possible.

Le texte ne dit jamais une seule chose, ou plutôt il ne la dit jamais une fois pour toutes : c'est là un principe fondateur de l'interprétation rabbinique. Les caractères n'ont pas dit leur dernier mot tant qu'ils n'ont pas croisé leur dernier lecteur.

Comment, dès lors, savoir si la lecture nouvelle est légitime et fidèle ? Comment distinguer entre découverte d'un sens caché et pure invention par un nouveau lecteur ? Conscient qu'un texte devient ce qu'on lui fait ou permet de dire, les sages s'efforcent d'inciter à ce que ce nouveau lecteur ne soit pas n'importe qui, mais une autorité reconnue ou quelqu'un qui s'en revendique, qui s'inscrive comme maillon d'une chaîne d'interprétations et d'interprétants.

L'hébreu, langue de tailleurs

Pour cruciale que soit la révolution rabbinique qui érige la divergence en valeur, cette culture de

1. Talmud de Babylone – Traité Sanhédrin 34a.

l'interprétation plurielle peut être considérée comme inhérente à la structure même de l'hébreu et de sa grammaire. L'hébreu est une langue construite autour de racines qui se déclinent en une multitude de signifiants. Par un simple ajout de voyelles, de suffixes ou de préfixes, trois lettres donnent naissance à autant de mots liés par un sens qui n'est pas toujours obvie.

Prenons par exemple trois lettres hébraïques : le Dalet ד, le Vet ב, et le Resh ר, prononcées respectivement comme le « D », le « V » et le « R ». La racine formée par ces trois lettres donne naissance à des mots aussi divers que DaVaR – la parole, DeVeR – la peste, ou DeVoRa – l'abeille. Ces trois mots, du point de vue du sens, n'ont a priori rien en commun mais sont en réalité tous trois porteurs d'une idée commune, celle de la propagation. L'abeille qui butine de fleur en fleur permet la diffusion du pollen et propage la semence. La peste est, dans la pensée biblique, le mal de la contamination par excellence, celui dont la diffusion nous échappe. La parole est l'outil de la propagation d'un message, d'un être à un autre.

Explorer une racine en faisant dialoguer les mots qu'elle a fait naître, c'est visiter l'univers de la pensée hébraïque, sa structure mentale et sa sagesse. De trois lettres, l'hébreu construit un univers de sens qui dialoguent et se tissent l'un à l'autre par-delà le contexte de leur utilisation spécifique.

Dans la Bible, l'écriture n'est que consonantique. C'est au lecteur d'y placer à la fois la ponctuation et les voyelles. À lui de choisir, dans sa lecture, entre la parole, la peste et l'abeille. Il lui revient, par le contexte et sa propre intuition, de donner un sens ferme à une écriture ouverte qui tolère des lectures multiples.

L'interprétation rabbinique joue traditionnellement de cette polysémie du langage. Elle invite toujours à greffer des sens nouveaux sur un verset originel, traité à la manière d'une matière brute qu'il faut travailler, d'un patron qu'il faut ouvrager. Le verset est nu comme un ver, et c'est en principe au lecteur de l'habiller.

C'est ce qu'exprime Stéphane Zagdanski lorsqu'il écrit :

> « *Les rabbins ont vécu le texte comme une texture et la lecture comme de la couture, un travail pulsatile de découpures et de sutures, n'ayant cessé de relier les fibres du livre (lettres, mots, versets, expressions, opinions, erreurs, répétitions, interpolations, commentaires, interprétations des commentaires, traditions et hérésies diverses) entre elles et à leur ailleurs, à l'invention intérieure de leur transmission. Ils ne laissèrent pas de tailler, de taillader, de découper à vif ce sublime matériau passé de génération en génération, ourdissant leur incomparable chef-d'œuvre de ferveur pensée comme d'autres, à la même époque, burinaient leurs premières cathédrales*[1]. »

Il est troublant de constater à quel point, tout au long de l'histoire juive, la couture a été perçue comme une activité juive. Tailleurs, fourreurs, négociants, les juifs se sont souvent spécialisés dans le commerce du tissu ou son ouvrage. Il va de soi que

1. S. Zagdanski, *L'Impureté de Dieu*, Éditions du Félin, 1991, p. 14.

le choix de cette activité, pour de nombreux juifs, a souvent été imposé par une histoire faite de pérégrinations et d'errances, de privations et d'interdits. Plus facilement transportable, la couture est l'artisanat de celui qui doit pouvoir tout quitter et prendre la route, avec quelques morceaux de tissu, des ciseaux, du fil et des patrons. Elle est une activité de recyclage, de déplacements, de transitions par excellence : ce qui servait à une chose sert à autre chose, ce qui se portait ici se portera là-bas, ailleurs ou autrement.

Le judaïsme ashkénaze revendique avec humour un amour transgénérationnel pour la « shmattologie », science du « schmattès ». « Shmattès » est un mot qui signifie en yiddish « chiffon », « textile de basse qualité ». Être « dans le shmattès », c'est travailler dans le textile en général, de bonne ou mauvaise qualité. De très nombreuses blagues jouent de cette passion juive du vêtement : *« Maintenant, mon fils, que tu as fait Harvard et Polytechnique, tu vas devoir choisir entre confection pour hommes et confection pour femmes. »*

Mais l'attachement du judaïsme au vêtement est peut-être aussi le reflet d'une passion plus profonde, qui révèle en essence l'esprit d'une tradition ancestrale, une religion du texte et du textile.

Et si approcher le texte comme on approche un textile était bel et bien un artisanat juif ?

Retoucher le texte

La langue française fait dériver les mots « texte » et « textile » d'une même étymologie. Texte, texture, textile, tissu… tous ces mots partagent une racine indo-européenne, dont hérite le latin *textus* qui exprime l'action de construire, de fabriquer des ouvrages faits de matériaux entrecroisés. Ce lien entre texte et tissu se retrouve d'ailleurs dans nombre d'expressions françaises : la « trame » définit autant l'intrigue d'un récit que l'outil du tisserand, une intrigue est parfois « cousue de fil blanc ». Ce rapprochement lexical existe dans bien d'autres langues. Ainsi, l'anglais « plot » désigne-t-il tout autant « une intrigue » qu'une pelote où les fils se croisent.

L'hébreu joue de façon similaire du rapprochement entre ces mondes, entre le travail de l'interprète et celui du tailleur. Chaque livre du Talmud porte en hébreu le nom de *massekha*, ou « traité ». Or, si l'on interroge un dictionnaire d'hébreu biblique, on apprend que *massekha* désigne à l'origine un appareil à tisser, le lieu où s'assemblent les fils du shmattès. La loi juive, et son commentaire par excellence, le Talmud, s'écrivent donc sur un métier à tisser[1].

1. L'hébreu dispose de nombreux mots dont l'étymologie se situe à la croisée du récit et de la couture. Le mot tissu « bad » signifie aussi « affabuler, inventer ». La science-fiction se dit en hébreu « mada bidioni », soit littéralement « la science du tissu ». Voir l'article de Francine Kaufmann : « Introduction au tissu et au vêtement dans la Bible et le Judaïsme », dans *Shmattès. La mémoire par le rebut*, C. Masson, éd. Lambert-Lucas, 2007, p. 207-220.

Tout récit est couture, champ où les fils d'une histoire s'entrecroisent. Pour la pensée juive, cette affirmation s'applique a fortiori au « texte » par excellence, celui de la révélation. La Bible est, pour les juifs, un travail de haute-couture, au divin patron : autour d'un texte central, de l'étoffe première qu'est la Thora écrite, se tissent des commentaires, des interprétations et des récits qui constituent autant de coupes et de retouches.

Chaque génération vient, en principe, poursuivre le travail de couture dont elle hérite, en ajoutant des points, qui étoffent la lecture du texte originel et en assurent la « reprise » et la transmission. Ainsi, sur la page de Talmud, un verset de la Bible commenté par un rabbin est ensuite commenté par un autre sage, puis par un autre. Il appartient à chaque génération de surpiquer le commentaire précédent, et de poursuivre une conversation cousue de siècle en siècle. La littérature juive traditionnelle est une « shmattologie ».

Marcel Proust ne procédait pas autrement quand, dans *Le Temps retrouvé*, il définissait ainsi son entreprise littéraire : « épinglant ici un feuillet supplémentaire, je bâtirai mon livre, je n'ose pas dire ambitieusement comme une cathédrale, mais tout simplement comme une robe ».

Ne lis point tout nu !

L'interprétation juive a la réputation d'aimer « couper les cheveux en quatre ». De façon anecdotique, le quatre est un chiffre dont s'est emparée l'exégèse rabbinique. Il existerait, selon les textes traditionnels, quatre niveaux de lecture pour chaque verset, à la manière de quatre univers interprétatifs. Le premier niveau, ou sens littéral, s'appelle Pshat, le deuxième est Remez – le sens allusif. Puis surgit le Drash – le sens allégorique, et enfin le Sod – le sens caché du texte.

L'ordre de ces termes n'est pas anodin : l'acrostiche composé des quatre initiales de ces mots P-R-D-S forme le mot *pardès*, verger en hébreu. Ce mot partage l'étymologie d'un autre qui a migré vers le français : le paradis. Interpréter un terme, naviguer dans les niveaux de lecture, c'est donc voyager vers un jardin d'Éden, un paradis des sens. La lecture est l'activité sensuelle par excellence.

Pour comprendre la lecture juive de la Bible, il est essentiel d'assimiler que la lecture littérale n'y existe pas réellement. Un verset ne signifie jamais simplement ce qu'il semble signifier, et jamais il ne se réduit à son sens explicite.

Même le premier niveau d'interprétation, *pshat*, que nous traduisons parfois par sens obvie, n'est pas ce qu'on appelle conventionnellement le « sens littéral ». À titre d'exemple, prenons l'un des versets les plus célèbres de la Bible, la loi du Talion : « Œil pour œil, dent pour dent. » Le sens de ce verset n'a, à première vue, rien d'ambigu. La punition infligée est similaire au dommage causé. Pourtant, la lecture rabbinique dite littérale n'envisage jamais d'ôter un œil à celui qui aurait arraché celui de son voisin, mais invite à compenser la perte d'un œil par le paiement de sa valeur et la privation d'une dent par un dédommagement financier. La littéralité rabbinique est donc bien loin du sens obvie : elle est par essence interprétative et, en cela, elle constitue une fausse littéralité. Même au premier niveau de lecture, le verset veut déjà dire autre chose que ce qu'il dit ou semble dire explicitement.

Le terme même de *pshat* est ambigu et signifie « simple » ou « dénudé ». Une lecture littérale est donc un regard jeté sur un texte dénudé, une sorte de « voyeurisme » littéraire. Commentaires et interprétations tissent au contraire une membrane autour du dénuement du texte pour habiller de sens nouveaux sa littéralité.

L'interprétation juive semble dire qu'il est impossible – ou interdit – de lire un texte tout nu, de le laisser à découvert. S'obstiner à le lire en déshabillé, c'est ne lui autoriser qu'une vérité, une vérité toute nue.

La lecture voyeuriste des textes sacrés menace les lecteurs des trois religions monothéistes, qui s'arment souvent des versets de leur texte révélé pour défendre une vision du monde présentée comme indiscutable. Barricadés derrière un sens perçu comme immuable, ils viennent souvent justifier le statu quo social, politique ou religieux, en bâillonnant d'autres interprétations.

La démarche du lecteur littéraliste souffre par ailleurs fréquemment d'incohérence. Le sens premier d'un verset est parfois réfuté sans débat : quand il s'agit par exemple de juger anachroniques certaines lois pourtant explicitement prescrites dans la Bible. Peu de gens militent aujourd'hui pour la lapidation de la femme adultère ou s'enquièrent des modalités bibliques d'acquisition d'un esclave… En revanche, la lecture littérale est fréquemment invoquée comme légitime pour interpréter d'autres passages bibliques. Voilà comment le verset de la Genèse « il n'est pas bon pour un homme d'être seul[1] » constitue, pour certains, une condamnation définitive du célibat, tandis que « tu ne coucheras pas avec un homme comme tu couches avec une femme[2] » dans le Lévitique leur semble irrémédiablement faire de l'homosexualité masculine une abomination.

Le paradoxe de ces interprétations est que leurs partisans se réfèrent à la lecture littérale dans certains cas mais la nient dans d'autres, invoquant tour à tour l'argument du « c'est écrit » ou celui de la distance interprétative.

Puis-je lapider mon oncle ?

Une dénonciation humoristique de l'absurdité d'une lecture biblique intégriste a beaucoup circulé sur Internet ces dernières années, sans qu'on parvienne à en identifier l'auteur. L'animatrice américaine d'un programme de radio, qui citait régulièrement la Bible (le Lévitique) pour dénoncer l'homosexualité comme une « abomination », aurait reçu la lettre suivante :

> *« Chère Madame,*
> *Merci de nous informer si justement de la loi divine. J'ai beaucoup appris en écoutant votre programme, et tente maintenant de faire partager ce savoir avec mon entourage. Lorsque quelqu'un tente de défendre*

1. Genèse 2 : 18.
2. Lévitique 18 : 22.

l'homosexualité, par exemple, je lui rappelle qu'il s'agit d'une abomination. Fin de la discussion.

J'ai toutefois besoin de vos conseils au sujet d'autres éléments de la loi et de leur mise en pratique :

– Lorsque je brûle un bœuf sur l'autel comme sacrifice, je sais que c'est une odeur agréable pour l'Éternel (Lévitique 1 : 9) mais mes voisins s'en plaignent. Dois-je les éradiquer ?

– J'aimerais vendre ma fille en esclavage, comme l'autorise Exode 21 : 7. Comment savoir ce qui constitue un bon prix ?

– Je sais qu'aucun contact avec une femme en période menstruelle ne m'est autorisé (Lévitique 15). Le problème est : comment savoir si c'est le cas ? J'ai essayé de demander aux femmes qui m'entourent mais la plupart d'entre elles s'en offusquent.

– Le chapitre 25 du Lévitique affirme que je peux posséder des esclaves, mâles et femelles, s'ils proviennent de nations étrangères. Un de mes amis affirme que cela s'applique aux Mexicains mais pas aux Canadiens. Est-ce vrai ? Pourquoi pas les Canadiens ?

– Mon voisin persiste à travailler le samedi. Le chapitre 35 de l'Exode affirme clairement qu'il doit être mis à mort. Suis-je obligé de le tuer moi-même ?

– Un de mes amis considère que manger des fruits de mer (proscrit par Lévitique 11) est une abomination moins sévère que l'homosexualité. Je ne suis pas d'accord. Qu'en pensez-vous ?

– Lévitique 11 affirme que toucher la peau d'un cochon mort me rend impur, puis-je toujours jouer au football en portant des gants ?

– Mon oncle a la fâcheuse habitude de jurer et de blasphémer souvent. Est-il vraiment nécessaire de demander à toute la ville de le lapider (Lévitique 24). Ne peut-on plutôt le brûler à une fête familiale privée,

comme nous le faisons lorsque quelqu'un couche avec un membre de sa famille (Lévitique 20) ?

Je sais que vous avez beaucoup étudié ces questions et je suis sûr que vous pourrez m'aider. Merci à vous de nous rappeler que la parole de Dieu est éternelle et inaltérable. Signé : votre fan. »

Si cette lettre pleine d'humour permet de placer efficacement les « littéralistes » face à leurs contradictions, elle soulève aussi des questions théologiques essentielles : Quels sont les versets dont nous percevons la vérité littérale comme intemporelle ? Quels sont ceux que les autorités religieuses acceptent de métaphoriser, d'interpréter de façon allégorique, ou de qualifier d'anachroniques ?

Une lecture juive de la Bible consiste en principe à toujours habiller le texte de commentaires, pour ne pas le laisser nu. Mais il faut bien reconnaître que l'exégèse n'est pas un gage imparable de lecture pudique. Parfois, son habillage fige un sens qui rend le texte plus impudique encore que s'il était laissé à découvert. Il convient toujours de recouvrir les versets du voile d'une exégèse humaine capable d'évolution et de renouvellement. C'est ce textile mouvant, ce voile qu'il nous faut aujourd'hui revendiquer, signe ostensible d'une pudeur interprétative. C'est en nous en recouvrant que nous pouvons débuter l'exploration des textes.

Adam, genèse de la nudité

Explorer la Bible à la recherche de personnages nus révèle bien des surprises. De multiples récits font de la nudité un ressort dramatique dont les répercussions tragiques sont capitales : Aussitôt qu'ils découvrent leur nudité, Adam et Ève doivent quitter le jardin d'Éden. Lorsque Noé sort de son arche à l'issue du déluge, ses premiers gestes sont de s'enivrer et de se dénuder avant de maudire son petit-fils. Dans l'une des scènes de jalousie les plus célèbres de la Bible, Joseph, fils préféré du patriarche Jacob, voit sa tunique arrachée par ses frères qui le laissent pour mort après l'avoir jeté, nu, dans un trou[1].

On pourrait citer encore de nombreux épisodes bibliques où le corps est soudain mis à découvert ou, a contrario, ceux dans lesquels est fermement énoncée l'injonction de ne révéler sous aucun prétexte la nudité d'un tiers[2]. Quel est le sens exact de cette

1. « Manteau de protection, manteau de vulnérabilité ». Voir D. Horvilleur, E. Papiernik, D. Muskat, dans la Revue *Tenou'a*, n° 147, p. 52.

2. Cet interdit se reflète d'ailleurs dans l'architecture des lieux sacrés. Ainsi, le grand prêtre est-il décrit comme accédant

nudité à ne pas dévoiler ? Que signifie la pudeur biblique ? Pour le comprendre, il convient de revenir à la genèse de son apparition, c'est-à-dire celle du premier homme de l'histoire, Adam.

La tenue d'Adam

C'est la première fois qui compte ! C'est ainsi que l'on pourrait résumer un principe d'interprétation dont l'exégèse juive est particulièrement adepte. Ce principe de première occurrence pose que la toute première apparition d'un terme ou d'un concept dans la Bible est la plus critique. Ce premier usage biblique serait porteur de la signification profonde d'un mot, comme si tout était dit la première fois qu'il est énoncé.

C'est avec Adam qu'apparaît la première nudité. La « tenue d'Adam » désigne d'ailleurs, en français, l'état de celui qui n'en porte aucune. Mais Adam n'est pas seulement le premier homme dont la nudité est décrite, il est aussi le premier dont la nudité est couverte, le premier à se constituer un vêtement. La Genèse fait de lui le premier homme incommodé par cette nudité au point de choisir de la couvrir. Autrement dit, Adam est le premier pudique de l'Histoire.

Le récit de la création de l'homme fait partie de ces épisodes bibliques que tous croient connaître, tant il a intégré notre civilisation, ses mythes et ses

---

à l'autel des sacrifices par un plan incliné, et non par des marches, afin de ne pas « dévoiler sa nudité » (Exode 20 : 26).

représentations graphiques ou littéraires. Le premier humain, modelé de terre, celui qu'André Chouraqui appelle « le glébeux » (traduction la plus exacte du mot hébraïque *Adam*, sorti de la terre « Adama »), prend vie lorsque l'Éternel insuffle dans ses narines un souffle de vie. Puis, placé dans le jardin d'Éden, l'homme s'ennuie. Parce qu'il « n'est pas bon pour l'homme d'être seul[1] », Dieu lui ôte alors une côte pour en modeler une femme, Ève. Ainsi serait né le premier couple de l'humanité.

Ce récit mythique a si profondément pénétré la culture populaire que peu savent qu'il n'est pas fidèle au texte biblique. Une relecture attentive des deux premiers chapitres de la Bible livre de cet épisode fondateur une vision très différente, subtile et ambiguë.

Les deux naissances d'Adam

Dans la Bible, l'humanité naît, non pas une, mais deux fois. Plus exactement, dans la Genèse se juxtaposent deux récits apparemment contradictoires de l'apparition de l'humanité. Les deux premiers chapitres bibliques paraissent ainsi s'opposer, comme dans un jeu de miroir déformant. Dans le premier récit, l'Éternel crée une humanité à deux genres. Il est dit : « Dieu créa l'homme à son image (…) masculin et féminin il les créa[2] ». Puis, dans le deuxième chapitre, c'est une autre version qui nous est donnée :

1. Genèse 2 : 18.
2. Genèse 1 : 27.

Dieu façonne cette fois l'homme à partir de la terre et le place seul dans le jardin d'Éden. Il plonge alors sa créature dans le sommeil, lui soustrait un côté pour former un tissu qu'il organise en femme. Il la présente ensuite à l'homme réveillé, qui en fait « sa » femme.

Dans une version, l'humanité est créée de façon simultanée dans ses deux genres, masculin et féminin, tous deux à l'image du divin. Dans la seconde, l'humanité constitue dans sa masculinité un modèle originel, amputé par la suite d'un féminin-côtier. L'humanité à deux sexes est cette fois créée en deux temps : un masculin premier, un féminin à sa suite.

Comment réconcilier les deux versions ? Comment l'homme et la femme ont-ils pu naître deux fois ?

Selon l'époque, les exégètes n'y posent pas le même regard : ils ne réconcilient pas de la même manière les contradictions. Certains lecteurs modernes ne les réconcilient pas du tout. C'est le cas de la critique biblique contemporaine, telle que développée au XIXe siècle dans le monde juif et chrétien, qui voit dans ces récits contradictoires la preuve de deux versions accolées tardivement. Elles correspondraient à des auteurs et des éditeurs différents dont les récits auraient tous deux intégré ultérieurement le canon biblique. Cette théorie d'une compilation tardive de deux sources (ou plus) épargne au lecteur toute tentative de réconciliation des versions.

Bien entendu, cette thèse ne peut satisfaire les commentateurs traditionnels, pour qui l'origine révélée du texte sacré prohibe l'éventualité d'une anthologie composite à récits dissonants. De leur point de vue, il est au contraire impératif de penser le texte dans sa cohérence. C'est ce que propose la tradition juive, à travers différents commentaires qui redonnent une unité au texte, en dépit de ses contradictions. On trouve ainsi plusieurs légendes juives qui permettent de concilier les narratifs contradictoires des deux premiers chapitres de la Genèse.

Féminin insoumis ou maternel

L'une de ces légendes fait appel à un personnage féminin premier, sorte de proto-Ève, que la littérature rabbinique évoque. De nombreux textes au tournant de notre ère et au Moyen Âge, font référence à une femme qui serait celle du premier chapitre biblique. Elle aurait été créée en même temps que le premier homme, éclairant ainsi le verset « mâle et femelle ils furent créés ». Le chapitre 1 de la Genèse narrerait donc la création d'Adam et d'une ante-Ève.

Pour affirmer qu'une telle créature première ait pu exister, alors même que le texte de la Bible n'y fait pas nommément référence, les premiers commentateurs juifs s'appuient sur un verset du chapitre 2 de la Genèse. Il y est écrit que lorsque Ève fut créée, Adam déclara à sa vue : « Cette fois-ci, elle est bien la chair de ma chair. » Ce « cette fois-ci », a priori superflu dans le verset, soutient à lui seul l'interprétation de ceux qui y voient la preuve d'une fois précédente, c'est-à-dire d'une autre femme, placée antérieurement aux côtés d'Adam. Incapable de le satisfaire, elle aurait disparu de l'histoire et du texte. Dans la littérature rabbinique, cette femme porte le nom de Lilith, personnage mystérieux que l'on trouve déjà mentionné dans les mythologies mésopotamienne et cananéenne et qu'on associe dans toutes ces cultures à une puissance démoniaque et maléfique, menaçant les hommes et leurs foyers.

Pourquoi une telle réputation ? Comment comprendre cette répudiation originelle ? Une légende rabbinique des premiers siècles raconte l'épisode surprenant qui valut à Lilith d'être expulsée de la Genèse et de ne demeurer aux côtés d'Adam ni dans le texte ni dans le jardin. Ces récits font d'elle une « féministe » revendicatrice avant l'heure. Son divorce avec Adam et sa sortie de la Genèse seraient dus à une étrange dispute du couple originel : « Lilith quitta Adam parce qu'elle n'avait pas envie de se coucher sous lui lors des rapports conjugaux : elle se sentait son égale[1]. » C'est donc la revendication égalitaire et le refus d'une soumission, symbolisée dans le texte par la soumission sexuelle, qui aurait conduit Dieu à laisser Lilith s'émanciper du récit et à créer une seconde femme, plus docile. D'où la présence des deux chapitres apparemment contradictoires de la Genèse. La première femme était née d'une création simultanée de l'humanité mâle et femelle. Voilà qui l'aurait, aux yeux des rabbins, rendue par trop insolente et revendicatrice. La naissance de l'autre femme, issue d'une côte de l'homme, seconde par rapport à un corps premier, ferait d'elle un être plus humble et davantage soumis. C'est elle qui devient mère de l'humanité, tandis que Lilith est condamnée à errer de par le monde en tentant des

1. Recueil de légendes rabbiniques Bereshit Rabba – compilé autour du Ve siècle.

hommes et en les détournant du chemin vertueux. Les deux femmes de la Genèse opposent ainsi une figure maternelle à un féminin tentateur.

La thèse androgyne

Pour réconcilier les deux premiers chapitres de la Genèse sans avoir recours au féminin démoniaque, la littérature juive va également suggérer une lecture dite « androgyne » de la création de l'homme. Selon cette thèse, développée notamment dans le livre central de la mystique juive, le Zohar, le premier Adam serait un modèle d'humanité androgyne, porteur des deux genres. Telle est la lecture littérale du verset : « mâle et femelle il les créa ». Un homme à deux visages et à deux genres aurait été créé en un seul corps.

D'après cette lecture, le deuxième chapitre de la Genèse décrirait une séparation ultérieure, ce que la tradition juive appelle la césure originelle. Dans la première anesthésie de l'histoire, le grand « chirurgien » divin aurait plongé l'homme dans le sommeil et, de son scalpel, séparé les deux genres, les deux côtés de l'être bisexué, pour bâtir une humanité à deux sexes distincts. On comprend aisément comment ce récit et cette lecture réconcilient les contradictions du texte. De l'être à deux genres du premier chapitre surgissent les deux êtres sexués et différenciés de la suite du récit.

Cette lecture traditionnelle présente certaines similarités avec le mythe platonicien de l'origine des sexes. Dans *Le Banquet*, l'humanité est décrite comme ayant connu à l'origine un sexe androgyne. Zeus aurait ensuite séparé cet être bisexué en deux moitiés pour limiter son pouvoir, formant ainsi l'humanité à deux genres. C'est d'ailleurs cette séparation originelle qui expliquerait selon Platon le phénomène amoureux, nostalgie d'une unité perdue et quête désespérée de l'autre moitié.

Bien plus proche de nous, en 1929, Freud écrit dans une note de son ouvrage *Malaise dans la civilisation* : « L'être humain est un animal à la prédisposition bisexuelle sans équivoque. L'individu correspond à une fusion de deux moitiés symétriques dont, selon le point de vue de bien des chercheurs, l'une est purement masculine, l'autre féminine. Il est tout aussi possible que chaque moitié ait été à l'origine hermaphrodite (…) la doctrine de la bisexualité demeure encore dans une grande obscurité[1] ».

D'une genèse hermaphrodite de l'humanité surgiraient deux genres différenciés par leurs tâches et par leurs destins, et destinés à évoluer côte à côte.

La côte pose d'ailleurs une autre question qui mérite exégèse : pourquoi la césure ne concernerait qu'un os latéral ? Pourquoi ce féminin séparé, l'Ève en devenir, serait-elle précisément née de cette partie de l'anatomie ? Et si tout cela n'était qu'un malentendu aux répercussions gigantesques ? Et s'il s'agissait simplement d'une traduction erronée ?

1. PUF, 1998, p. 48-49, note 2.

Politique de la traduction

Le mot hébraïque utilisé dans la Genèse et traduit par « côte » dans la plupart des éditions bibliques est *Tzela*. Or ce mot, utilisé ailleurs dans la Bible, y est toujours traduit par « côté » et non « côte »[1].

Dieu a donc plongé le premier Adam dans le sommeil pour séparer le côté féminin – et non la côte – du côté masculin. La différence de traduction peut sembler anodine mais elle a de lourdes répercussions. Dans un cas, la femme « côte » est un objet construit, un os, c'est-à-dire une structure partielle sculptée hors du corps d'un homme complet. Elle est un bout de son être, élément de soutien qui prend vie mais reste, par son origine, dépendante du corps premier, masculin. Dans un autre cas, la femme « côté » est une césure d'un être originel androgyne dorénavant coupé en deux. Elle est un autre sujet, et non un objet, sorti de l'organisme premier à deux genres, au même titre que l'homme. Dans cette version, les genres sont tous deux retranchés, séparés de l'entité première et indivise qu'ils constituaient.

La théorisation du rapport homme-femme, dans notre civilisation, s'est largement construite et nourrie au cours des siècles de la première de ces traductions et non de la seconde : d'un modèle féminin côte et non côté d'Adam, perçu comme objet partiel et dérivé d'un corps quasi complet et viril. Il a peut-

1. Voir par exemple dans Exode 26 : 20 : le mot *tzela* définit les côtés (et non la côte) du tabernacle.

être suffi d'une (mauvaise) traduction pour qu'il en soit ainsi.

Nombreuses sont les traductions bibliques impropres dont les implications politiques ou culturelles furent considérables. La côte d'Adam est loin d'être le seul exemple de traduction erronée ou partielle de la Genèse. Autre exemple célèbre de traduction dont l'incidence fut remarquable : celle du fruit défendu du paradis originel.

La pomme donnée par Ève à Adam figure sur la plupart des représentations de cette scène mythique à travers l'histoire, des peintures de la Renaissance aux encarts publicitaires contemporains. Pourtant ce fruit n'apparaît nulle part dans le texte hébraïque de la Genèse. Il y est certes question d'un arbre, situé au milieu du jardin dont il est interdit de consommer le fruit, mais ni l'espèce ni le fruit de l'arbre ne sont précisés.

À l'origine de ce malentendu, la traduction latine peut sans doute être incriminée. L'arbre du jardin d'Éden est défini comme « arbre de la connaissance du bien et du mal[1] ». Dans la traduction latine (dite « vulgate »), on lit « *lignum scientiae boni et mali* ». La chrétienté ayant lu la Bible exclusivement en latin pendant des générations, le mal (*malum*) ici conjugué en mali vint à être lu comme son homonyme « *malum* », la pomme. Jeu de mot ou faute de lecture ?

La tradition rabbinique ne parle jamais de pomme mais évoque l'hypothèse d'autres fruits que pourrait

1. Genèse 2 : 9.

porter l'arbre du savoir. Le Talmud suggère qu'il pourrait s'agir d'un figuier ou d'une vigne. Pourquoi ces fruits ? Après avoir goûté du fruit, l'homme et la femme couvrent leur nudité d'une feuille de figue, ce qui laisse à penser aux commentateurs que cet arbre n'était pas loin, voire précisément à portée de main.

Adam et Ève se savent soudain nus. Leur conscience est modifiée. Et si le fruit était celui de la vigne, le fruit dont est tiré le vin ? La première ivresse de l'histoire pourrait bien être à l'origine de la connaissance du bien et du mal.

Pomme, figue ou raisin, quelle importance ? Aucune, si ce n'est la finitude interprétative. Une fois la pomme « canonisée » par la chrétienté, l'arbre ne connaîtra plus dans l'imaginaire populaire d'autres représentations. Le fruit défendu est défini et spécifié, une fois pour toutes, par une traduction dépouillée d'ambivalence. Il dispose dorénavant d'une image, d'une odeur, d'une saveur, et dissuade toute autre possibilité de lecture. Ainsi, l'interprétation se fige.

Marc-Alain Ouaknin définit ainsi ce qu'il nomme le « complexe de la pomme » : « J'appelle "complexe de la pomme" cette attitude face au monde et au savoir qui donne lieu à la transmission de rumeurs, de préjugés, de "on-dit", d'images et d'idées fausses, jamais vraiment réinterrogés et qui deviennent savoir populaire faisant office de vérité[1]. »

Cette définition s'applique à toute interprétation qui clôture définitivement les possibilités de lecture.

1. M.-A. Ouaknin, *Zeugma. Mémoire biblique et déluges contemporains*, Le Seuil, 2008, p. 505.

Si toutes les traductions sont des trahisons, certaines condamnent définitivement le texte au sens unique.

Connaître sa nudité ou connaître sa femme

Adam est donc le premier homme dont la nudité est décrite. À l'image de tant de termes bibliques, la notion de nudité est plus ambiguë qu'elle n'y paraît et il convient d'en explorer l'étymologie. Dans l'hébreu polysémique, il n'est pas rare qu'un même mot ou une même racine veuille dire deux choses très différentes, voire qu'elle puisse tour à tour revêtir un sens et un autre opposé, selon le contexte.

« Être nu » se dit en hébreu *aroum*. Mais ce terme est, dans la Bible, à sens multiples. Dès les premiers paragraphes de la Genèse, Adam nu est dit *aroum*. Mais *aroum* est aussi le serpent, autre personnage-clé du récit décrit, lui, comme « rusé ». Un seul et même mot dit en hébreu la nudité et la ruse, deux notions qui semblent s'opposer : transparence du vêtement contre opacité des intentions, corps découvert contre desseins cachés.

Le vêtement est lui aussi porteur d'ambiguïté sémantique dans la langue hébraïque. Le mot *begued*, par lequel il est désigné, signifie aussi la « traîtrise ». Le vêtement est ce qui cache la vérité, il est mensonge porté. Cette idée de l'habit-menteur se retrouve ailleurs en hébreu : un manteau (*me'il*) signifie aussi une « fraude », et parfois même une infidélité conjugale.

Dans le livre des Nombres (5 : 12), la Bible met en garde contre une femme qui « fait porter à son mari un manteau » ou, en d'autres termes, celle qui commet un adultère. Le manteau du cocu biblique remplace les cornes d'autres civilisations. Il renvoie à ce qui saute aux yeux, et n'échappe pas au regard, ce dont on se moque publiquement ou qu'on ridiculise, bref ce que porte celui à qui on « taille un costard ». Si en hébreu la nudité est synonyme de ruse et le vêtement de mensonge, de quoi se pare donc la vérité ?

Saveur et savoir

« Ève cueillit de son fruit et en mangea, puis en donna à son époux et il mangea. Leurs yeux, à tous deux, se dessillèrent et ils connurent qu'ils étaient nus[1]*. »*

Dans la Genèse, l'ingestion du fruit défendu vient modifier l'état de conscience de l'homme et lui offre une acuité nouvelle et différente sur le monde. Il fallait le savourer pour le savoir. La transgression donne accès à une vision auparavant impossible ou interdite. Avec elle, apparaît la conscience de la nudité. On peine à concevoir que l'homme n'ait pas, jusqu'alors, su qu'il était nu. De quelle naïveté aveuglante était-il victime ?

L'interprétation chrétienne associe souvent la niaiserie originelle à une ère présexuelle. La sortie de l'enfance innocente de l'humanité conditionnerait l'accès à une sexualité fautive. Telle n'est pas la

1. Genèse 3 : 6-7.

lecture juive traditionnelle, qui ne perçoit pas la faute de la Genèse comme sexuelle. Le judaïsme ne lie pas chasteté et innocence. De son point de vue, la sexualité humaine préexiste à la consommation du fruit. L'homme connaît sa femme avant de connaître sa propre nudité. Avant l'épisode de l'arbre, nous lisons que « l'homme devient une seule chair avec sa femme[1] ». Cette union physique précède donc toute transgression et n'est en rien coupable.

Le Talmud et la littérature rabbinique développent une rhétorique largement positive de la sexualité et du désir. Dans de nombreux textes, l'élan sexuel est non seulement toléré mais décrit comme nécessaire. Le désir est parfois qualifié de « mauvais penchant » (appelé en hébreu *yetzer hara*) mais cette inclinaison procure la force nécessaire au renouvellement de la vie et ce qui permet au monde d'exister. Le penchant sexuel est, en quelque sorte, la « libido » du monde et apparaît dans de nombreuses sources juives comme la condition du maintien de notre univers. « Sans ce mauvais penchant, un homme ne construirait aucune maison, ne prendrait pas de femme et n'aurait pas d'enfant, il ne ferait commerce de rien[2] ». De l'élan sexuel dépendent la création et l'engagement humain dans le monde. Ce n'est donc pas d'une naïveté virginale mais d'un autre état que l'homme s'extirpe en consommant du fruit défendu.

Désormais l'homme se sait nu et ne peut donc plus le rester. Juste avant d'expulser Adam et Ève du

1. Genèse 2 : 24.
2. Genèse rabba 9 : 7.

jardin d'Éden, Dieu confectionne un étrange cadeau de départ : « pour l'homme et sa femme des tuniques de peau [1] ». Pas question de sortir à découvert.

Petit traité de dermatologie biblique

Quelle est cette tunique de peau divinement cousue dont Dieu revêt l'homme ? S'agit-il juste de lui tenir chaud ou de le protéger des dangers qui pourraient l'assaillir hors du jardin protégé de l'Éden ?

Sur la nature de ce vêtement, les commentateurs juifs s'écharpent littéralement. Selon certains, l'animal sacrifié pour confectionner le manteau serait le serpent[2]. C'est à lui, suppôt de tentation, grand coupable de l'épisode précédent, qu'on aurait « fait la peau »… à moins qu'il ne l'ait tout simplement perdue dans sa mue saisonnière. Dans d'autres commentaires (notamment dans le Zohar, mais aussi dans les écrits de Philon d'Alexandrie), on trouve une idée plus surprenante : la matière qui constitue la tunique cousue par Dieu ne serait autre que la propre peau de l'homme. Cette lecture a le culot de suggérer qu'au jardin d'Éden, l'humanité était a-derme, privée de peau : non pas écorchée vive, mais naturellement sans membrane dermique… La nudité du jardin d'Éden serait donc d'ordre dermatologique. La sortie du paradis nous force à nous couvrir d'une épaisseur dont nous ne disposions pas originellement. Dans le monde originel, celui du jardin d'Éden, l'homme est

1. Genèse 3 : 21.
2. Midrash tehilim 42, Pirke de rabbi Eliezer 20.

dépourvu de la membrane qui le sépare du monde. Le voici dorénavant doté d'une frontière corporelle, d'une limite placée entre lui et ce qui l'entoure.

Si au paradis l'homme était transparent à son prochain, il est dorénavant rendu opaque par une couverture en peau. La chute correspondrait donc, non à la perte d'une naïveté, mais à la fin d'un état originel lumineux et translucide auquel fait place une entrée dans le monde de l'obscurci. Nous passons du monde de la transparence au monde du recouvert.

L'homme de l'Éden est un homme qui n'est pas conscient de sa nudité parce qu'il n'est pas conscient d'une séparation entre lui et le monde. Dorénavant, l'infinie transparence s'étrécit comme peau de chagrin. L'homme perçoit les membranes du monde, et donc aussi les siennes. Il sait qu'il est nu et que le regard de l'autre peut se poser sur lui. Ainsi naît le besoin de se couvrir. Quand on est transparent, nul besoin de se cacher. C'est lorsqu'on cesse de l'être qu'on se sent trop nu pour rester à découvert.

Telle est la toute première pudeur humaine, selon la Bible : au départ tout est un, à commencer par l'humanité, « mâle et femelle ». D'un corps androgyne, non séparé, l'homme et la femme, découpés l'un de l'autre, feront dorénavant deux. Et les corps de ces deux êtres seront séparés par une membrane.

La sortie de l'Éden marque l'entrée dans un monde à la porosité limitée entre les êtres ou, à tout le moins, dans un monde où les hommes ne perçoivent plus de perméabilité totale entre eux. C'est dans ce monde que la nudité et la pudeur ont un sens.

On ne se sait nu que lorsqu'on est partiellement couvert, lorsqu'on est un être membraneux, un être à la surface duquel des capteurs nous font percevoir ce qui nous est extérieur.

Honteux mais pas coupable

Adam et Ève ont donc consommé le fruit qui leur était interdit. Interrogés sur leur responsabilité, ils répondent : ce n'est pas moi c'est l'autre ! « Ce n'est pas moi, c'est la femme », dit Adam, « La femme que tu m'as donnée, c'est elle qui m'a donné du fruit de l'arbre[1] ». Puis, c'est à la femme de dire : « C'est le serpent qui m'a entraînée[2]. » L'art de se défausser est paritaire dès la création : aucun genre n'y échappe.

Sans doute est-ce à partir de ce récit fondateur de ce que la chrétienté qualifie de « faute originelle » que certains ont fait du sentiment de culpabilité le cœur d'une « morale judéo-chrétienne ». Mais cette accusation classique est loin d'être aisément démontrée : est-il vraiment question de culpabilité dans le récit de la transgression originelle ?

Avant la faute, Adam et Ève sont décrits comme « nus tous deux, mais n'en éprouvant point de honte[3] ». Juste après la transgression, les voilà qui se cachent dans un arbre pour tenter d'éviter le regard de Dieu. La honte apparaît mais il n'est dit nulle part qu'ils se sentent coupables.

1. Genèse 3 : 12.
2. Genèse 3 : 13.
3. Genèse 2 : 25.

Quelle différence existe-t-il entre la honte et la culpabilité ? À tort, on confondrait ces deux sentiments qui méritent d'être clairement différenciés. Selon Boris Cyrulnik, « la culpabilité appartient à l'univers de la faute. On se sent coupable, on doit racheter, expier, réparer. La honte n'a rien à voir. Elle place en nous un détracteur intime qui nous ronge, nous détruit, nous dévalorise. Le honteux ne veut pas réparer, il s'éloigne, veut entrer sous terre, échapper au regard de l'autre[1] ».

La culpabilité peut donc exister de façon indépendante de la présence d'un tiers. Avec ou sans le regard d'un autre, seul ou en société, on peut se sentir coupable. La honte, au contraire, implique nécessairement un regard extérieur, ou l'imagination de ce regard. Nous nous sentons honteux de savoir ou d'imaginer quelqu'un être témoin ou avoir connaissance de nos agissements.

Pour Serge Tisseron, la honte « crée une rupture dans la continuité du sujet. L'image qu'il a de lui-même est troublée, ses repères sont perdus, tant spatiaux que temporels, il est sans mémoire et sans avenir[2] ». La honte serait d'abord un sentiment de coupure avec soi-même ou avec le groupe dont le regard menace de vous décomposer. Ce sentiment constitue donc une brisure interne, c'est-à-dire une rupture entre l'image de soi idéalisée et l'image perçue à travers un regard tiers. Le sentiment de la honte est éminemment incarné et viscéral. Il provoque

1. *Le Point*, 2 septembre 2010.
2. *La Honte. Psychanalyse d'un lien social*, Dunod, collection « Psychismes », 1992.

généralement une perte de contrôle sur son corps : le sol se dérobe sous ses pieds, on voudrait disparaître. La manifestation la plus commune de la honte est le rougissement de la peau. Rougir, c'est ne plus contrôler son épiderme, et sentir sa peau soudain à vif, chauffée et visible. Rougir, c'est « se savoir nu ».

La honte se dit en hébreu *bousha*, un terme dont la racine a une autre signification dans le texte biblique. Elle est souvent employée pour décrire une situation de séparation, une rencontre différée avec un autre qui tarde à venir[1]. Etymologiquement, ce mot renvoie à l'idée d'une attente non comblée, une réunion impossible avec le corps d'un autre. L'hébreu ne connaît donc qu'une seule racine pour dire la honte et le manque. Pour la pensée hébraïque, ce sentiment aurait bel et bien quelque chose à voir avec une coupure, la conscience d'une séparation, une « rupture dans la continuité du sujet ».

Voici précisément ce qui naît au jardin d'Éden : la honte est le fruit d'une conscience nouvelle de l'humanité. Elle naît dès lors que l'homme a une peau qui le sépare d'un autre, un autre qui peut le regarder, un autre dont il peut aussi être séparé. Au commencement, dans un corps sans membrane ni frontière, le manque n'existe pas. Aucune séparation n'est perçue ou ressentie. Rien, ni personne, n'est

1. Deux exemples d'occurrence de cette racine. Dans le Livre de l'Exode (32 : 1), Moïse monte sur le mont Sinaï. Voyant qu'il « tarde à revenir », le peuple s'impatiente et perd courage. Dans le Livre des Juges (5 : 28), la mère de Sisera attend désespérément le retour à la maison de son fils et s'inquiète de voir son cheval « tarder à venir ».

manquant parce que rien, ni personne, n'est hors de vue, ni hors de vous. Dans un tel univers, la honte n'existe pas plus que la pudeur.

Puis l'homme et la femme sont soudain « dermiques ». Dorénavant et pour toujours, ils feront deux. Se percevant comme coupés l'un de l'autre, les voilà bien nus. C'est du dénuement que naît la honte, conscience de la brisure et du manque.

Mais cette honte n'est autre que la possibilité même de la rencontre. En hébreu, « sceller une alliance » se dit « couper une alliance » : on ne peut s'approcher que de quelqu'un dont on est séparé. C'est précisément par la coupure que le chemin vers l'autre devient possible. Cet autre est celui dont on cherche le regard mais à qui on ne veut pas révéler toute sa nudité.

La pudeur d'un vêtement est, dès lors, non ce qui repousse définitivement le regard mais ce qui crée un délai, une latence dans la vision et dans la rencontre. La sortie du paradis n'est en cela pas une faute originelle, mais une césure nécessaire, sortie de fusion, et condition de la rencontre du prochain. La honte, telle qu'elle apparaît à la genèse de l'humanité, n'est non seulement pas coupable, mais elle est précisément ce qui ouvre à l'autre. C'est « *le dévoilement (jamais complet, mais donc aussi le secret) des amoureux l'un vis-à-vis de l'autre [qui] garantit cet espace d'altérité nécessaire à un désir qui ne se confond pas avec l'appropriation du corps de l'autre*[1] ». C'est

1. Michel Sanchez-Cardenas, « La pudeur, un lieu de liberté ? de Monique Selz », *Revue française de psychanalyse*, février 2004, vol. 68, p. 699-702.

parce que Adam et Ève sont séparés qu'ils sont dorénavant prêts à se rencontrer. La peau qui les sépare les met en quête l'un de l'autre. Le premier modèle biblique de la pudeur est la reconnaissance d'une altérité qui nous échappe, avec laquelle on ne fera jamais un, et dont il nous revient de respecter les frontières.

L'origine du monde

Notre voyage dans les textes devait débuter au jardin d'Éden, aux côtés d'une humanité encore nue mais qui ne pouvait le rester plus longtemps. Hors d'Éden, Adam et Ève sont (enfin) opaques l'un à l'autre. C'est parce qu'ils ont quelque chose à cacher, une peau à couvrir qu'ils se mettent en route vers l'autre. Telle est notre condition d'êtres « dermiques » : c'est parce que nous sommes conscients (et parfois honteux) de nos limites que nous nous soucions de ne pas tout montrer, que nous couvrons nos failles. C'est aussi grâce à ces failles et ces manques que nous pouvons chercher, hors de nous, une compagnie.

Nous sommes là bien loin de ce que le discours religieux fondamentaliste assène si souvent : l'injonction de voiler un corps coupable, de se couper d'une altérité menaçante. La genèse de la pudeur véritable est une culture de la rencontre, et non de l'effacement. En cela, voiler l'autre pour étouffer le désir plutôt que de le susciter, est non seulement insensé mais coupable.

Noé : le nu sorti des eaux

L'exploration de la pudeur biblique nous mène directement vers un autre célèbre épisode de la Genèse. Celui-là suit de près la sortie de l'Éden et raconte la nudité d'un autre héros, l'homme du déluge.

Nous voici dix générations après Adam et Ève. Habillée d'un costume de peau divinement taillé, l'humanité a quitté le paradis. Mais, assez rapidement, le Couturier suprême, en créateur de haute-couture, ne semble plus très sûr de ses modèles. Il se prend à douter de sa réalisation, et d'une humanité qui le déçoit. La Genèse affirme alors : *« L'Éternel regretta d'avoir créé l'homme sur la Terre*[1]. »

Déçu, insatisfait, le voilà prêt à tout effacer dès le début du livre. Ce sera le déluge qui prétend tout ensevelir. En l'espace de quelques chapitres, l'humanité naît et s'éteint. La Bible relate tour à tour la création du monde et sa dé-création. Elle juxtapose dans une proximité saisissante un processus d'édification et le récit de sa déconstruction. Les eaux, séparées au commencement, se joignent à nouveau.

1. Genèse 6 : 5.

La terre ferme à peine apparue est engloutie. Le déluge destructeur procède par une inversion systématique de la création qui vient d'être décrite.

Dans ce récit originel, rien ne survit, hormis un échantillon unique de la vie antérieure : une seule famille, celle de Noé, et une seule paire de chacun des animaux qu'il a pris soin de placer dans une arche flottante. Dans l'embarcation mythique, les bêtes entrent deux par deux, en couples assortis. C'est à elles que, plus tard, une fois le Créateur apaisé, reviendra la tâche de repeupler la Terre.

À l'image de son ancêtre, Noé est un père fondateur. Selon l'histoire biblique, sa femme et lui sont les ancêtres uniques de la population postdiluvienne. Leurs trois enfants s'appellent Sem, Jafet et H'am, soit « Nom », « Beau », et « Chaud ». Autrement traduit, il y a celui qu'on entend, celui qu'on voit et celui qu'on touche. Ainsi s'écrit la généalogie biblique primordiale où les noms et leurs traductions murmurent la poésie d'un monde ancien et l'essence de ceux qui les portent.

De ce trio fraternel renaît un monde. Selon l'exégèse traditionnelle, chacun de ces frères devient, de façon archétypique, l'ancêtre d'un continent ou d'une zone géographique. Sem est perçu comme l'ancêtre des sémites, qui portent son nom. Japhet serait le père de l'Europe et des civilisations occidentales. Quant à H'am, il aurait peuplé l'Afrique de sa descendance. Ce mythe des origines postdiluviennes installe l'humanité entière dans un lien fraternel, racontant les humains comme tous sortis en frères d'une arche à la dérive, survivant ensemble à un monde disparu. Mais l'unité de cette deuxième mouture humaine va rapidement se dissoudre.

Noé sorti des eaux

Si Noé, ancêtre de tous les hommes qui peuplent la Terre, porte sur ses épaules l'avenir de l'humanité, il est aussi un antihéros dont la Bible dévoile très vite la nudité et la faiblesse, à travers un récit troublant. Cet épisode, moins connu que celui de l'arche, a pourtant alimenté une exégèse copieuse.

Au sortir de l'embarcation, tandis que sa famille et les animaux retrouvent la terre ferme, la vie nouvelle du héros et de ses fils est ainsi contée :

> *« Les fils de Noé qui sortirent de l'arche furent Sem, H'am et Japhet. H'am était le père de Canaan. Ce sont là les trois fils de Noé par lesquels toute la terre fut peuplée. Noé, homme de la terre, entreprit de planter une vigne. Il but de son vin et s'enivra, et il se mit nu au milieu de sa tente. H'am, père de Canaan, vit la nudité de son père et alla dehors l'annoncer à ses deux frères. Sem et Japhet prirent la couverture et la déployèrent sur leurs épaules en marchant à reculons. Ils couvrirent la nudité de leur père mais ne la virent point, leur visage étant tourné. Noé, réveillé de son ivresse, connut ce que lui avait fait son plus jeune fils. Il dit : « Maudit soit Canaan ! Qu'il soit l'esclave des esclaves de ses frères. » Il dit : « Béni soit l'Éternel Dieu de Sem et que Canaan soit leur esclave*[1]. »

1. Genèse 9 : 18-25.

Noé pose enfin le pied sur la terre ferme et déjà il tangue d'ivresse. Le patriarche survivant au déluge plante une vigne dont il récolte le vin, puis boit à l'excès et une fois saoul, se met à nu.

Tout lecteur attentif de ce passage perçoit qu'y figurent de nombreuses incohérences, ou des enchaînements mystérieux qui appellent certaines questions : Pourquoi l'homme qui a navigué des semaines sur la mer à bord de son arche est-il soudain appelé « homme de la terre » ? Pourquoi le premier geste de cet homme sur la terre ferme est-il de planter une vigne ? Est-ce volontairement qu'il s'enivre ? Pourquoi, une fois saoul, se met-il à nu dans sa tente ? Pourquoi H'am, son fils, regarde-t-il ce que ses frères refusent de voir ? Pourquoi, à son réveil, Noé punit-il un petit-fils pour les actes de son père ?

Aucune de ces questions n'échappe aux commentateurs qui se livrent à travers les siècles à un exercice d'exégèse proche de l'exploration chirurgicale, ou d'une archéologie minutieuse des strates du texte.

Hors du bateau... ivre

À l'issue du déluge, quelque chose tourne mal pour la famille fondatrice de l'humanité. Après quarante jours de huis clos en pleine mer, la discorde vient troubler le lien entre les générations. C'est sur la terre ferme que, pour eux, tout chavire.

Noé sait qu'il lui appartient de reconstruire l'humanité sur ce gigantesque cimetière qu'est devenu le monde. L'homme dont toute la génération a disparu a navigué quarante jours sur la mort et doit maintenant bâtir la vie sur les ossements de sa génération.

Sa première initiative est de planter, afin d'enraciner une croissance future. Mais de la plante, il s'enivre. Le produit de la vie qui renaît sur la Terre est aussi celui qui le fait quitter à nouveau le sol ferme, « décoller » et flotter dans l'ivresse. Noé s'ancre en plantant, et s'arrache immédiatement à la réalité nouvelle dans la consommation du fruit.

Consommer un fruit dans la transgression : il s'agit bien sûr pour le lecteur d'un déjà-vu biblique. Le descendant d'Adam rejoue la scène des origines. Nous voici projetés à nouveau au jardin d'Éden. Un arbre est au milieu du jardin. L'ingestion de son fruit modifie l'état de conscience humain. Cet arbre du nouveau monde pourrait bien être, selon les rabbins, le même fruit défendu que celui du jardin d'Éden (souvenez-vous qu'il ne s'agit pas d'un pommier). Pour les commentateurs, il est question du même arbre et donc du même geste. La faute est répétée, l'histoire bégaye.

Le Talmud[1] affirme ainsi que Noé « aurait dû apprendre de l'erreur d'Adam, dont le sort fut scellé par le vin ». Mais il n'a pas su tirer la leçon de l'expérience de son ancêtre. À moins qu'il ne se soit cru plus fort que son aîné, capable de tout surmonter après l'épreuve du déluge.

Noé est un héritier d'Adam. Voilà peut-être pourquoi il est appelé « ish haadama », non pas « homme de la terre (*adama*) » comme la traduction le suggère si souvent, mais « homme de la lignée d'Adam ».

1. Talmud de Babylone – traité Sanhedrin 70a.

Pourtant, son geste et celui de son ancêtre, la consommation du fruit, ont des conséquences opposées, à seulement quelques générations d'intervalle. Là où Adam se découvre nu et s'habille, Noé, enivré, se déshabille et se couche, dévêtu au milieu de sa tente.

Noé vient de passer quarante jours dans son arche, gigantesque matrice qui protège la gestation d'une nouvelle vie sur Terre. Selon le droit rabbinique, quarante jours correspondent au temps qu'il faut pour qu'un embryon se forme dans le corps de sa mère et développe des organes de fœtus[1]. Noé vient d'être accouché par son bateau-mère, rejeté sur la terre. Et l'ancre à peine jetée, le voici qui régresse. On l'imagine couché nu, en position fœtale, tel un nouveau-né dans son berceau.

Noé, nouveau premier homme, est un homme en régression. Sa nudité figure une tentative de retour à l'état originel, au jardin d'Éden, au temps d'avant le vêtement. Intoxiqué par l'illusion d'un retour au temps paradisiaque, Noé, dans son ivresse, est revenu au monde fusionnel d'avant la brisure. Dans sa tente-matrice, il se réfugie dans le monde pré-exilique, celui d'avant la mort, le traumatisme et la perte. Mais, un autre traumatisme, une autre transgression va l'en extirper pour l'expulser de son jardin éthylique.

1. Talmud de Babylone – traité de Yevamot 69b.

La faute de H'am ?

Que s'est-il vraiment passé sous la tente ? Quel acte constitue réellement la transgression du fils ? Revenons sur les deux lignes elliptiques qui décrivent sa faute : *« H'am, père de Canaan, vit la nudité de son père. Et il le dit à ses deux frères dehors*[1]. *»*

H'am ne devait-il pas voir ou ne devait-il pas dire ? La faute a-t-elle trait à la vision d'un corps interdit ou au récit de cette vision ? Est-ce la violation d'un espace privé qui est condamnable ou le non-respect d'un devoir de discrétion qui aurait dû être la marque du respect filial ? Pour les commentateurs traditionnels, il ne s'agit en réalité ni de l'un ni de l'autre. La transgression de H'am n'est pas affaire de regard ou de parole, mais d'acte. Leur conviction se fonde sur le verset qui suit immédiatement le récit. Il y est dit que Noé se réveille, reprend conscience après l'ivresse, et connaît alors *« ce que lui avait fait son plus jeune fils*[2] *»*.

Un regard dérobé ou une parole échappée laisseraient-ils des stigmates propres à fonder une aussi intime conviction ? Quel acte a pu laisser une trace si perceptible dès l'éveil et surtout si apte à déclencher la colère du père ? Le fils de Noé a dû « faire » quelque chose qui dépasse de loin la vision et la parole. Le Talmud l'affirme sans équivoque : H'am a violé ou castré son père[3].

1. Genèse 9 : 22.
2. Genèse 9 : 24.
3. Talmud de Babylone – traité Sanhedrin 70a, cité par Rashi.

Même si cet acte n'est pas explicite dans le verset, la transgression est incontestablement d'ordre sexuel, selon la tradition. La « nudité [du père] est découverte ». Or cette expression biblique est toujours interprétée, par les commentateurs, comme un euphémisme pour désigner une relation sexuelle. La vision du corps dénudé catalyse ou annonce implicitement le passage à l'acte.

Cette sur-lecture peut être jugée très (trop) imaginative. On peut préférer s'en tenir à une lecture plus proche du texte, moins sexuelle dans sa littéralité. Mais en repoussant les limites du sens explicite, la tradition nous invite à explorer l'essence véritable de la faute de H'am et la façon dont elle s'inscrit dans l'histoire transgénérationnelle.

Dans la vie de Noé, les espaces semblent violés de façon répétée : Une famille vit en huis clos, dans l'extrême intimité d'un bateau sans issue, pendant les quarante jours de sa traversée. Une fois la terre retrouvée, Noé établie enfin un espace d'intimité, sa tente. Mais la frontière de ce refuge est immédiatement forcée. Son monde est pénétré par la voie de sa tente, voire de son propre corps. On assiste à une violation de frontière et d'espace privé, une violence perpétrée contre le père dans son corps ou dans sa propriété, dont la limite est devenue perméable, et donc propice à l'intrusion.

Dans son livre *Célébration biblique*[1], Elie Wiesel décèle en Noé l'incarnation du survivant à la catastrophe. Ce rescapé figure l'homme traumatisé, de surcroît victime dans sa tente d'un nouveau trauma-

1. Le Seuil, 1991.

tisme dont les répercussions dépassent largement sa génération. Selon la lecture rabbinique, Noé, violé ou castré, est atteint dans sa chair, sa peau est arrachée.

Pas de peau

Le mot traumatisme désigne à l'origine une lésion cutanée (Trauma en grec est une blessure). C'est à partir de cette idée d'une surface dermique arrachée que Freud construit le concept psychique qui joue dans sa théorie le rôle déterminant que l'on sait, et désigne le traumatisme comme « un corps étranger qui, longtemps encore après son irruption, continue à jouer un rôle actif[1] ». Le corps et l'esprit en sont envahis.

La nudité de Noé ne parle pas d'autre chose. Un fils pénètre l'espace de son père. Mais où s'achève l'espace de l'un et où débute celui de l'autre ? Y a-t-il dans cette famille biblique, qui a flotté si longtemps sur l'eau, un problème d'étanchéité entre les membres ?

Dans son livre *Escape from selfhood*[2], Ilany Kogan évoque son travail psychanalytique avec les lignées de descendants de survivants de catastrophes et de génocides. Elle expose la difficulté de certains parmi eux à placer des frontières ou des séparations entre les générations. Le traumatisé a parfois du mal à tenir les enfants « hors de sa tente », à les exclure

1. S. Freud, *Études sur l'hystérie*, PUF, 1978, p. 4.
2. I. Kogan and A. Celenza, IPA publication, 1991.

des sphères de l'intime et de l'hyper-privé. Ainsi, bien souvent, le dommage transperce la membrane générationnelle. Le traumatisme crée une perméabilité excessive entre les êtres.

Comme exploré au chapitre précédent, l'expulsion du jardin d'Éden marque la fin d'un monde fusionnel et l'entrée dans un temps où l'on ne peut plus en principe faire un avec l'autre. Adam « sait qu'il est nu » car dorénavant, l'Homme est irrémédiablement séparé de son prochain par des membranes qui, à la manière d'une peau, le recouvrent. C'est cette surface nue que l'Homme couvre pudiquement, pour pouvoir lentement s'en découvrir et s'approcher.

L'épisode de Noé, deuxième homme nu de l'histoire biblique, est une version rembobinée de l'histoire précédente. Noé tente d'opérer une régression, une tentative de retour au paradis perdu. Là où son ancêtre gagnait en conscience, lui en perd : dans son ivresse, il ne se sait plus nu. Il joue la scène des origines à l'envers : Adam et Ève sortent d'une fusion originelle, se savent nus et se couvrent, tandis que Noé tente d'y retourner et pour cela se déshabille. Mais l'histoire ne s'écrit pas innocemment à l'envers et la sentence biblique est terrible : quand la tentation fusionnelle reprend le dessus, la peau est arrachée. Surgit alors le traumatisme.

Dans ce deuxième récit de la genèse, la pudeur est à nouveau la reconnaissance implicite que l'on fait deux avec l'autre. Cette séparation n'est pas coupable, mais nécessaire. Chercher à *dévoiler* intégralement l'autre revient à le *violer*.

La pudeur est ce qui est censé protéger la relation d'une approche trop brutale. Au sein du couple ou de la famille, là où la tentation de « faire un » est la plus forte, elle est la distance garante du lien, entre les hommes et les générations.

La malédiction : transmission de traumatisme

Voilà peut-être comment Canaan, le petit-fils de Noé, devient malgré lui la victime de l'histoire. Fils « puni » par un grand-père pour la faute d'un père, Canaan est maudit, au terme de l'épisode, alors qu'il était absent de la scène de la transgression, dont ni lui ni sa génération ne sont acteurs. Injustice suprême, il va payer pour ce qui lui échappe et le précède. La punition saute une génération et rompt le lien de causalité entre les actes et leurs répercussions. Celui qui a humilié son père voit à son tour son fils humilié. Ainsi, « Canaan devient un esclave pour ses frères ».

Mais qu'est ce qu'un esclave si ce n'est celui dont l'espace et le droit sont violés par un autre qui s'appelle son maître ? L'esclave est précisément celui dont les frontières sont transgressées, parce qu'il n'en possède pas en propre : il se trouve dans la dépendance d'un tiers, privé de liberté et d'autonomie.

Il semblerait ici que le traumatisé, dont la peau est percée ou arrachée, risque bien à son tour de briser les membranes d'un autre et de transgresser une frontière.

C'est, en un sens, ce que Noé affirme lorsqu'il dit : *« Maudit est Canaan ! Il sera l'esclave de l'esclave de ses frères*[1]. » Telle est la mise en garde d'un père à ses enfants : le fils qui viole l'espace du père prend le risque de voir le territoire de son fils violé à son tour.

Ô combien symbolique est le nom de l'enfant maudit qui ouvre la Genèse, Canaan. La terre de Canaan, dans le reste du Livre, n'est autre que l'un des noms de la terre promise aux Hébreux, celle qui deviendra la terre d'Israël. Cette terre est, jusqu'à aujourd'hui, celle où les frontières semblent si difficiles à poser, celle dont les limites sont constamment percées, modifiées, contestées, celle où le traumatisme des pères rejaillit si violemment sur leurs fils.

La bénédiction de la couverture

Les Hébreux ne se voient pas comme les héritiers de H'am ou de Canaan mais comme ceux de Sem qui est l'ancêtre des sémites, comme leur nom l'indique. Cet héritage revendiqué n'est pas tant une affaire d'ethnie ou de géographie que de mœurs et de morale. Dans le récit mystérieux de la tente profanée, Sem est celui qui souhaite protéger, à tout prix, la nudité du père :

> *« Sem et Japhet prirent la couverture et la déployèrent sur leurs épaules en marchant à reculons. Ils couvrirent*

1. Genèse 9 : 25.

> *la nudité de leur père mais ne la virent point, leur visage étant tourné*[1]. »

Sem devient, dès lors, dans la littérature rabbinique, l'incarnation de la pudeur érigée en valeur, celle du refus d'une vision interdite ou transgressive. Il est celui qui couvre son père et son regard, et convainc son frère Japhet d'en faire autant. Dans le récit, le respect passe par la non-vision, par le drapement du corps et le recouvrement de la dignité.

Être l'héritier de Sem, c'est s'inscrire dans la lignée de son nom (pour mémoire, Sem, en hébreu, signifie « le nom »). C'est privilégier l'écoute à la vision. Sem refuse de voir, et porte la couverture sur les épaules. Pour les commentateurs, cet acte va lui valoir une bénédiction bien particulière.

Un rabbin et philosophe andalou du XIe siècle, Rabbenou Bahia, déclare ainsi que Sem est, à partir de cet épisode, « le porteur de la mitsva (commandement) – du recouvrement ». Il fait ici référence à un rituel spécifique du judaïsme qui, à ses yeux, serait un héritage de cette histoire ancestrale : le port du Tallit. Le Tallit est un châle de prière, vêtement du culte, traditionnellement porté par les hommes dans les synagogues. Il s'agit d'un voile à franges dont l'homme en prière (ou la femme dans le monde juif libéral) s'enveloppe. Il s'en enroule d'abord le visage en se cachant les yeux, puis déploie le tissu sur les épaules. Recouvrir sans regarder, à chaque temps de prière, les juifs font en quelque sorte retour dans la tente de Noé.

1. Genèse 9 : 23.

Le Tallit aux yeux fermés

Dans *Voiles*[1], Jacques Derrida parle longuement de son lien à son châle de prière. Il dit ainsi : *« mon tissu de référence ne fut ni un voile ni une toile mais un châle. Un châle de prière que j'aime à toucher plus qu'à voir, à caresser tous les jours, à baiser sans même ouvrir les yeux ou alors même qu'il demeure enveloppé dans un sac de papier où je plonge la main dans la nuit les yeux fermés (...) voilà une autre peau mais incomparable à aucune autre peau, à aucun vêtement possible... elle se porte en mémoire de la Loi »*.

Le toucher ou le dire l'emporte, chez Derrida, sur le voir. Dans son rapport au châle, il est à nouveau question de peau, de cette peau greffée sur l'Adam a-derme à sa sortie du paradis, de cette seconde peau placée par un fils sur Noé, écorché et traumatisé dans sa chair et dans son âme. Le vêtement de Sem est une peau héritée et enfilée par-dessus la nôtre dans la prière.

Mais pour être conforme à la loi juive, la « peau » du Tallit doit posséder une particularité : les franges qu'elle porte à ses quatre extrémités[2]. On aperçoit parfois ces franges dépasser des poches ou des vêtements de ceux qui les portent, comme des fils décousus d'une veste mal rapiécée. Ces franges portent en hébreu un nom, à la consonance bien étrange : *Tzitzit*. Ce mot vient d'une racine qui signifie « regarder à

1. Livre d'entretien avec H. Cixous, Galilée, 1998, p. 44-45.
2. Nombres, 15 : 38-40.

travers », ou « observer par la fente ». Le *Tzitzit* est un fil qui semble dire, dans une onomatopée : « Tsss…Tsss… regarde par là[1] ! »

Ces franges sont littéralement une invitation à regarder « à travers », comme dans une vision filtrée où s'inscrirait le désir. Le paradoxe est intéressant et poétique : le vêtement de la prière, celui qui rappelle la nécessité de détourner son regard de la nudité de l'autre est aussi le prisme du regard entre les lignes, du désir de voir en transparence.

Tel est l'un des sens du Tallit (ou justement sa décence) : il est un voile, ou une peau, qui refuse le regard direct mais invite au regard médiatisé. La vision de l'autre à travers les interstices, « là où le vêtement bâille », définition de l'érotisme selon Roland Barthes passe par un regard détourné, ni direct ni violent, mais acéré comme la suggestion.

C'est cette sensualité que décrit Derrida lorsqu'il affirme que « le secret du châle… semble émaner du corps, comme une sécrétion intime[2]… ».

Le support de la pudeur, le châle ou la couverture est une émanation du corps. Il est ce qui filtre le regard pour ne pas tout révéler. C'est ce qu'il garde secret qui va permettre à la relation intime de ne pas être violée.

1. On trouve notamment cette racine dans le Cantique des Cantiques (2 : 9) : lorsque la tension érotique de la rencontre entre un berger et une bergère est à son comble, ce terme est utilisé pour dire que le « bien-aimé observe par le treillis » celle qu'il aime.

2. J. Derrida, *Voiles*, livre d'entretien avec H. Cixous, Galilée, 1998.

Le châle et la prostituée

Dans un récit talmudique[1] haut en couleurs, le Tallit joue un rôle bien particulier :

> *Un sage entendit parler d'une prostituée magnifique qui vivait dans un pays lointain. Il ne put s'empêcher de prendre rendez-vous avec elle, et de traverser les océans pour la retrouver. Mais lorsqu'il se déshabilla face à elle, en ôtant ses vêtements, les franges de son Tallit lui fouettèrent le visage. Il stoppa net son élan et interrompit la rencontre. La belle courtisane, surprise et peut-être vexée, lui demanda s'il avait trouvé en elle quelque défaut physique. « Aucun », lui répondit le sage, lui affirmant qu'elle était la plus belle femme qu'il n'ait jamais vu. « Mais, dit-il, il est un commandement qui s'appelle Tzitzit... » Il retourna alors à la maison d'étude.*

En lui frappant le visage et en cachant la femme nue, les franges venaient de détourner son désir sexuel pour le ramener à l'étude. L'histoire talmudique bénéficie d'un double happy end : non seulement, grâce au Tallit, le rabbin revient vers la Torah, mais la belle prostituée, à la suite de cet épisode, décide de retrouver son client, de l'autre côté des océans. Elle épouse cet homme qui fait ainsi d'elle une « honnête épouse », tandis qu'elle lui permet de satisfaire « légalement » son désir. Tel est, conclut le passage, la récompense de celui qui respecte le commandement du *Tzitzit*. Dans ce récit un peu cari-

1. Talmud de Babylone – Traité de Menahot 44a.

catural, le vêtement est ici ce qui sauve du sens en déroute et ramène au sensuel de la loi, mais il est surtout ce qui transforme une relation purement « consumériste » avec une femme en un érotisme de couple censé durer.

Ce texte rabbinique n'est pas un plaidoyer naïf ou puritain contre la prostitution. Plusieurs sages du Talmud en sont d'ailleurs clients. Il n'est pas non plus un réquisitoire contre la sexualité. Il rappelle au contraire que l'intimité véritable dépend d'un regard et d'une connaissance partiellement entravés de l'autre. Accepter de ne pas tout voir de l'autre, ni de tout savoir, est ce qui nourrit le sensuel et le désir. De ce désir, la loi doit se faire garante et non censeur.

Cachez ce saint que je ne saurais voir !

Selon le quotidien israélien *Haaretz*[1], un petit groupe ultra-orthodoxe distribuerait dorénavant dans les quartiers religieux de Jérusalem des « lunettes de pudeur ». Ce nouveau gadget optique est en réalité un simple autocollant à apposer sur les verres de lunettes. Il brouille partiellement la vision de celui qui le porte, et permet ainsi à son heureux propriétaire de ne pas remarquer les femmes qui croisent son chemin.

Le journal dénonce avec humour l'escalade de tartufferie qui menace une certaine orthodoxie, tout en saluant cette initiative de façon originale : contrairement aux ségrégations parfois imposées aux femmes dans les bus ou dans la rue, cette idée « ingénieuse » a le mérite de ne les contraindre en rien. La journaliste ajoute : *« Si les hommes ultra-religieux ne peuvent voir la moitié de l'humanité ou interagir avec elle, c'est un problème. Mais c'est leur problème. Qu'ils le gèrent. Qu'ils trouvent des solutions qui limitent leur propre confort, leur propre mobilité et leur capacité à agir librement dans le monde,*

1. 11 août 2012.

sans exiger des femmes qu'elles renoncent à tout cela. »

Comment la vision d'une femme en est-elle arrivée à être perçue comme si dangereuse pour une poignée d'hommes ultra-orthodoxes ? De quels textes et traditions peut donc bien se nourrir cette phobie visuelle ?

Les visions dangereuses ?

Dès le récit de la Genèse, la Bible insiste sur le danger que peut constituer la vision. Ève voit le fruit défendu et le trouve beau. C'est alors qu'elle le saisit pour en manger et en nourrir Adam. Les ennuis commencent parce que l'humanité a vu et aussitôt voulu. Il en est ainsi à chaque génération, ou presque. Le fils de Noé voit la nudité de son père et le violente. Plus tard, les frères de Joseph voient la robe-tunique que son père lui a offerte et la lui arrachent. C'est la vision de l'autre, dans sa nudité ou dans ce qui la dissimule, qui déclenche envie, rivalité et violence.

On retrouve dans le judaïsme et ses rites une très grande méfiance vis-à-vis du regard et du sens de la vue. Régulièrement présentés comme susceptibles de détourner l'homme du droit chemin, ils sont perçus comme moins fiables que d'autres sens, l'ouïe notamment.

Ainsi, la prière la plus centrale du judaïsme, la plus célèbre sans doute, est-elle appelée le « *Shema* » (ou *Shema Israël*). « *Shema* » signifie littéralement « écoute ». Il est une invitation à entendre les commandements et les injonctions du divin à l'égard de son peuple. La parole divine s'écoute mais ne se « voit » pas : la révélation est d'abord et avant tout auditive.

C'est ce que symbolise aussi la gestuelle de la récitation du *Shema* : la personne qui le prononce doit, en principe, se cacher les yeux en récitant ces mots. Elle place la main devant son regard pour matérialiser l'obstruction de la vision et le recentrage sur l'audition.

Au cœur même de cette prière, il est une phrase qui précise davantage encore la mise en garde de la Torah contre la vue et ses mirages. Il est dit aux fidèles : « Ne vous égarez pas par vos yeux, qui vous mèneront à la débauche/à la prostitution. » Telle est la menace que fait peser le regard : non seulement il peut détourner d'un chemin droit mais peut aussi, selon les rabbins, mener à une débauche à caractère sexuel.

Comment s'opère le lien entre regard et prostitution dans le judaïsme ? Une prostituée se dit en hébreu « *zona* », mot qui dans son étymologie a un lien avec la consommation. Les mots qui désignent la nourriture (« *mazon* ») ou encore un buffet (« *miznon* ») dérivent de la même racine hébraïque. Les sages du judaïsme enseignent qu'une prostituée est quelqu'un dont les yeux des hommes se nourrissent. Autrement dit, elle est une femme qui est d'abord consommée par la vue.

La prostitution, dans la pensée hébraïque, a donc un lien avec la vision, en tant qu'elle n'est ni entravée ni restreinte. Elle a trait à la possibilité qu'un regard non obstrué déclenche un désir non limité.

Elle procède d'une vision instantanée, d'un désir d'assouvissement sans délai ni latence.

Se cacher les yeux pendant la prière, au cœur de la déclaration religieuse la plus solennelle du judaïsme, c'est placer volontairement une membrane, un filtre entre soi et l'autre. Le regard entravé est un appel à un rapport de non-consommation à l'autre et au monde.

Obsession de la zone liminale

La plupart des rituels dans le judaïsme marquent ou désignent la liminalité. Il s'agit toujours de définir ou de signaler la transition entre deux zones, entre deux temps, entre deux statuts ou entre deux espaces.

À titre d'exemple, l'allumage de bougies de shabbat, chaque vendredi soir, marque la sortie d'un temps profane et l'entrée dans le temps sacré d'un repos hebdomadaire, isolé du reste de la semaine. De la même manière, chaque temps sacré est inauguré par une bénédiction. On marque ainsi par les mots et le rite, par une parole performative, le passage d'un temps à un autre. Le sens même du mot « sacré » (en hébreu « *kadosh* ») est « mise à part ». À chacune de ces partitions s'associe un geste de distinction.

Les rites et l'identité juive manifestent la centralité du passage et l'importance de la célébration de ce passage. Ils cherchent presque toujours à reconnaître les traversées et les seuils, à distinguer l'entre-deux.

Les transitions sont identifiées dans le temps et dans l'espace. Ainsi, chaque passage entre deux lieux séparés par une porte est-il symbolisé par un objet de culte, marqueur de la liminalité spatiale : la *mezouza* qui sépare l'intérieur de l'extérieur et identifie ainsi le seuil.

Autre marqueur de passage par excellence : la fête de *Pessah*. Elle est un temps du calendrier juif qui ritualise la traversée. Lors de la Pâque juive, se raconte le passage du peuple hébreu de l'esclavage vers la liberté. Le récit fondateur de l'identité hébraïque dans la Torah est donc affaire de séparation. C'est cette distinction entre deux états qu'il convient avant tout de signaler et de commémorer.

Pourquoi est-il nécessaire de signaler le passage ? La transition n'a nul besoin d'être marquée par l'homme pour avoir lieu. La vie est faite de changements qui ne nécessitent pas d'être signalés pour se produire : chacun de nous vieillit même sans fêter ses anniversaires. De même un jour de fête ou un temps sacré du calendrier advient-il, que l'homme ait allumé des bougies ou non, qu'il ait prononcé des bénédictions ou qu'il s'en soit abstenu. Pourtant, le rite suggère que l'engagement humain modifie les transitions de nos vies, non pas simplement comme un folklore qui les accompagne, mais en ce que nos paroles et nos actes ont une incidence sur la réalité elle-même. La responsabilité humaine y est engagée et fait de l'homme un gardien des portes et des transitions de son temps. Le rituel correspond en cela à ce que John Austin définit comme une « parole performative[1] ». Des phrases telles que « Je vous déclare

1. *Quand dire, c'est faire*, Le Seuil, 1970.

mari et femme » ou « Le tribunal vous déclare coupable », prononcées dans un contexte particulier, ne constituent pas juste une parole mais un acte qui fait advenir la réalité énoncée. Il en va de même pour le rituel religieux ou la liturgie. Ils sont eux aussi performatifs, du point de vue de la tradition.

La loi juive, dans ses rituels, établit constamment des séparations et des distinctions. Elle structure le monde en organisant sa temporalité en statuts contrastés et souvent antagoniques : temps profanes ou temps sacrés, aliments cachers ou non, états purs ou impurs. Le passage d'un statut à un autre est rigoureusement codifié.

Le judaïsme semble ainsi mettre en garde contre le flou, l'indéterminé, la liminalité tacite et toute porosité non maîtrisée. Il lui est constamment nécessaire de désigner la zone grise et d'établir un marqueur de séparation.

Le rituel invite l'homme à poser son sceau sur les transitions qui marquent sa vie. En s'incarnant dans un cérémonial de membrane, tout rite du judaïsme est vécu comme un rite de passage, une transition où l'humanité est postée à la porte.

L'homme n'y constate pas simplement le temps qui passe, mais se fait acteur et témoin de cette traversée.

Le voile sacré

L'architecture synagogale fournit l'une des meilleures illustrations de l'art des transitions marquées. Lorsque vous poussez la porte d'entrée d'une synagogue, vous n'entrez généralement pas directement dans le lieu de la prière. Au contraire, cette entrée s'effectue par étapes. Plusieurs portes doivent être franchies et un espace intermédiaire traversé avant d'entrer dans le centre du lieu de culte. Une série de seuils et de sas font lentement approcher le fidèle du cœur de la prière. L'architecture synagogale ne conçoit pas d'approche directe et sans médiation du sacré.

Une synagogue est traditionnellement construite comme une série d'espaces concentriques, qui mènent de l'extérieur, profane, vers l'intérieur, sacré. Le cœur de ce sacré est matérialisé par une arche qui contient les rouleaux de la Torah. Le texte, abrité au cœur même de la synagogue, n'en est extrait que pour le temps de la lecture. Mais la Torah demeure la plupart du temps protégée dans un écrin, et donc inaccessible à la vue. Elle est placée dans un espace clos, une arche elle-même séparée de la synagogue. Cette séparation est délimitée par un voile, un rideau, c'est-à-dire une membrane. Le trésor est caché au regard : l'accès au sacré est différé et réglementé.

Ce voile qui, dans les synagogues, sépare la Torah des fidèles est une reproduction symbolique de ce qui se passait au temple du temps où celui-ci se tenait à Jérusalem. Selon la Bible, au cœur de ce lieu de résidence du divin, se tenait un espace sacré appelé le Saint des Saints. La tradition affirme que personne ne pouvait y pénétrer à l'exception d'un homme, le grand prêtre. Encore celui-ci ne pouvait-il lui-même y accéder que pour un temps limité, le jour de Kippour. Pour y entrer, il devait au préalable traverser les treize voiles qui séparaient ce Saint des Saints de l'extérieur du sanctuaire.

Le saint… des seins

Petite visite guidée au cœur du lieu le plus sacré du judaïsme antique : selon la Bible, dans le Saint des Saints, se trouvait l'Arche d'alliance contenant les Tables de la Loi reçues au mont Sinaï. Cette arche, close, était en permanence encadrée par ses deux portants. Le tout était surmonté par la sculpture de deux êtres ailés, deux figures angéliques qui se faisaient face au-dessus de l'Arche[1]. Lorsque le roi Salomon inaugura le temple, l'arche y fut installée avec ses portants aux extrémités. Le texte biblique affirme que depuis l'extérieur du Saint des Saints, un observateur pouvait apercevoir ces barres, qui étaient « à la fois visibles et invisibles[2] ».

« Visibles et invisibles » : cette double qualification antinomique est source de nombreux commentaires rabbiniques. Comment des portants, c'est-à-dire des barres, pouvaient-ils être à la fois visibles et invisibles depuis l'extérieur de cette enceinte ? Le Talmud[3] explique que les deux portants, allongés, effleuraient le voile du Saint des Saints, de sorte qu'on les apercevait à l'extérieur de cette enceinte

1. Exode 25 : 22.
2. Rois 6 : 8.
3. Talmud de Babylone – Yoma 54a. Sur cette traduction, se reporter à l'ouvrage de Marc-Alain Ouaknin, *Le Livre brûlé. Lire le Talmud*, Le Seuil, « Points Sagesses », 1993.

sacrée sous la forme de deux protrusions. Ces deux extrémités dépassaient de l'enceinte et pointaient à travers le voile, « à la fois visibles et invisibles ». Le Talmud décrit ce spectacle en utilisant une métaphore inattendue : ces deux protrusions étaient semblables « aux seins d'une femme[1] ».

La vision du sacré par excellence, dans le Talmud, celle du Saint des Saints, que contemple celui qui se rend au temple, s'apparente donc à la vision d'une nudité féminine presque visible. Dans une vision dérobée de poitrine de femme, l'élan religieux coïncide avec celui du désir.

Lorsque le grand prêtre tirait le rideau pour exposer très brièvement l'intérieur du Saint des Saints. Il révélait alors l'image des deux chérubins sculptés sur l'arche, unis dans un entrelacement amoureux[2].

Dans le lieu sacré, la seule image à la disposition du peuple est une vision charnelle, une poitrine de femme ou un entrelacement amoureux. Ni malsaine, ni condamnable, elle est au contraire consacrée et religieuse. Le rideau du Saint des Saints suggère mais ne montre pas à voir entièrement. Il est la membrane qui permet la vision du sacré.

Le désir et le sacré ont en commun de nécessiter le jeu des voiles, seul capable de faire porter un regard sur ce qui n'est pas visible directement. Est ainsi consacrée la vision différée, indirecte, et non immédiate d'un objet approché, désiré mais jamais conquis.

1. *Ibid.*
2. *Ibid.*

On retrouve cette idée d'un voile nécessaire à la vision dans bien d'autres cultures. L'allégorie de la caverne de Platon l'évoque à sa manière, en suggérant qu'on ne perçoit pas directement les choses ou les idées. Prisonnier de son environnement ténébreux, l'homme ne peut voir, sans effort ni science, que leurs ombres sur les murs de la caverne. Les idées, comme le sacré, ne sont pas accessibles dans l'immédiateté. Il est impossible d'avoir un rapport direct, une vision non médiatisée, du fondamental. Pour les percevoir, il est besoin de voiles qui agissent comme des filtres et traduisent l'infini en fini pour l'humain. Telle est la pudeur de l'infini : il ne se laisse jamais voir tout nu. Ou plus exactement, aucun de nous ne saurait le voir nu.

Pour le judaïsme, ce langage du sacré est un langage de la chair. Ni visible, ni représentable, le divin est « traduit » sous les formes d'un corps féminin, ou métonymiquement d'une partie de son anatomie. Cette idée d'une projection charnelle et féminine du divin est récurrente dans plusieurs textes talmudiques et dans la Bible elle-même.

Dieu est parfois nommé « *El Shaddai* », expression que l'on peut traduire littéralement par « Dieu des seins ». La métaphore mammaire, dans sa fonction maternelle, est déclinée dans la littérature rabbinique, tantôt pour décrire la Torah, qui nourrit ses petits, c'est-à-dire ceux qui l'étudient[1], tantôt pour présenter les héros bibliques. Ainsi, Moïse et son frère Aaron sont comparés dans certaines légendes

1. Voir Isaïe 66 : 10 – verset traditionnellement interprété comme la Torah capable d'« allaiter » ceux qui s'en consolent.

rabbiniques « aux seins d'une femme : l'un n'est pas plus grand que l'autre[1] ». Tous deux sont capables de nourrir le peuple de leur savoir, de l'allaiter de leurs connaissances.

Si de telles métaphores habitent le texte, il convient de ne pas réduire ces images à leur littéralité. Bien entendu, Dieu n'est pas une femme, et la femme n'est pas divine. Confondre le transcendant et une de ses traductions par l'homme est blasphématoire, car un tel procédé consiste à faire du divin une idole, en le réduisant à un genre. Il convient toutefois de s'interroger sur le sens d'une projection féminine du divin, tout particulièrement dans un monde où la place qu'occupe la femme demeure si restreinte.

Excès de « textostérone »

Pendant longtemps, les textes des trois religions monothéistes n'ont été lus, édités et commentés que par des hommes. On peut légitimement se demander si leurs métaphores et leur langage auraient été différents si l'activité de lecture avait été mixte. L'interprétation exclusivement masculine explique peut-être, en partie, pourquoi le sacré prend dans cette littérature les traits et les atours du féminin. La philosophie, autre temple longtemps presque exclusivement masculin, en fait souvent autant avec ses métaphores du transcendant. Ainsi Friedrich Nietzsche, dans *Le Gai Savoir*, fait de la vérité

1. Shir Hashirim Rabba 4 : 12.

sacrée une femme voilée « qui a des raisons de ne pas vouloir montrer ses raisons ».

À quoi ressembleraient le sacré et la vérité si les femmes avaient été invitées à mêler leurs voix au commentaire ? Les images littéraires d'un féminin absolu et inaccessible sont-elles le simple reflet du sexe de leurs auteurs ? Ces lectures souffrent-elles de ce que le rabbin Naama Kalman appelle un « excès de textostérone » ? Au contraire, le féminin et ses symboles procurent-ils le seul langage capable de dire le sacré et le mystérieux, pour les hommes comme pour les femmes ? Le féminin est-il, pour tous, le genre du mystérieux et du sacré ?

Quelle que soit sa conviction, le lecteur contemporain des sources doit prendre en compte l'identité des interprètes à différentes époques, concevoir la manière dont leurs mondes ont nourri leurs métaphores, et dont le nôtre nous permet aujourd'hui de les appréhender.

L'homme qui portait le voile

Voiler, pour le judaïsme, au divin non incarné, c'est donc rendre accessible l'inaccessible, et visible l'invisible. C'est permettre la perception du désincarné et de l'infini par-delà les limites matérielles du monde.

De façon remarquable, les textes de la chrétienté déclinent à leur manière cette idée. Selon la tradition chrétienne, à la mort de Jésus, le voile du temple qui recouvrait le Saint des Saints s'est déchiré. Le Dieu de la chrétienté, incarné, ne rendait plus nécessaire le voilement du sacré, puisque le divin s'était enfin dévoilé. Mais pour le judaïsme, le divin reste ce qui ne peut être vu, il est la vision impossible par définition, celle dont il est question lorsque la Bible dit que *« Nul homme ne peut voir l'Éternel et vivre*[1] *»*. Nul homme ?

Le seul être qui, dans la tradition juive, déroge partiellement à cette règle est Moïse, seul humain qui vit Dieu et vécut. Dans la Bible, il est le seul qui fait face au divin, au sommet du mont Sinaï. Toutefois, lorsqu'il redescend de la montagne, cette rencontre semble avoir mystérieusement changé son apparence : le visage de Moïse « rayonne », d'après le texte.

Après son face-à-face irradiant avec le divin, Moïse est comme contaminé, sa peau est à vif. Le texte affirme qu'il portera dorénavant un voile pour s'adresser au peuple. Il lui est devenu impossible de parler à peau nue, sans membrane et sans voile, à ceux qui ne sont pas capables de percevoir l'infini et d'approcher le divin comme il le fit.

Moïse doit être voilé pour dévoiler. Il agit à la manière d'un filtre pour le peuple, en réduisant l'intensité et la luminosité du divin pour les rendre perceptibles. Il est celui qui incarne, dans le texte, le paradoxe de la révélation : le besoin d'occulter pour révéler. Son voile n'est pas là pour cacher, mais agit comme médiation entre fini et infini. C'est parce qu'il est allé trop près du divin qu'il doit dorénavant sortir couvert.

1. Exode 33 : 20.

Or il convient de remarquer que le discours religieux traditionnel appelle généralement la femme à se couvrir, et non l'homme.

Le féminin serait-il, tel Moïse, plus intime avec le divin ? Exiger que la femme soit voilée ou couverte revient-il à lui attribuer une proximité supérieure avec le divin et l'infini ? Suggère-t-on ainsi que sa peau dévoilée exposerait l'homme à un rayonnement qu'il ne pourrait supporter ?

Que la femme s'enorgueillisse de cette proximité suggérée au divin ou pas, une certaine lucidité s'impose : la sacralisation du féminin est toujours un prélude élégant à sa marginalisation sociale.

L'être orificiel

Dans le judaïsme, en principe, l'homme et la femme se rencontrent. Le célibat n'y est jamais élevé en vertu. Il est même bien souvent condamné par les rabbins du Talmud. Le judaïsme ne peut être défini comme une religion d'ascèse. Si certains groupuscules ont parfois prôné cette philosophie au détour de sa longue histoire, il ne s'est jamais agi d'une norme pour la pensée juive. Le plaisir et la jouissance n'y sont pas condamnés : au contraire, ils font même parfois l'objet d'un devoir. Ainsi certains commentateurs affirment-ils que Dieu juge chaque homme, non seulement pour ce qu'il a transgressé durant sa vie, mais aussi pour ce qu'il n'a pas fait alors même qu'il y était autorisé[1]. La pratique juive n'encense pas la retenue excessive, qu'elle semble même trouver suspecte. L'ascétisme n'est jamais consensuel, à l'exception notoire d'une journée par an : *Yom Kippour*.

1. Voir Talmud de Jérusalem, *Kiddouchin*, chap. 4 : 48b. « Rabbi Hizkia au nom de Rabbi Cohen au nom de Rav a dit : dans le futur un homme est tenu de rendre des comptes sur tout ce que son œil a vu et n'a pas mangé. »

Chaque année, au jour du grand pardon, les juifs se réunissent en nombre à la synagogue. La liturgie de ce jour de jeûne fait référence au jugement divin, à l'introspection humaine et au pardon. Pendant plus de vingt-quatre heures, la tradition invite à une forme d'ascèse, dans un retrait de la vie profane et quotidienne, sans nourriture ni boisson, sans loisir ni conversation triviale, sans commerce ni relation sexuelle. Ces heures de prières et de recueillement sont définies dans la Bible comme un temps de mortification. Elles constituent pour chacun une sorte « d'entraînement » à sa propre mort et une mise en condition pour l'heure du Jugement dernier.

Au milieu de l'après-midi de jeûne, tandis que pour beaucoup la faim se fait sentir et la fatigue pèse, les fidèles lisent à la synagogue un extrait de la Torah, tiré du livre du Lévitique, qui a pour effet d'ajouter à l'inconfort physique du jeûne l'inconfort psychique de son sujet. Il s'agit de l'énonciation d'une longue liste d'interdits sexuels, au cœur desquels figurent les liens incestueux. On y lit, notamment :

> *« Nul de vous ne s'approchera de sa parente, pour découvrir sa nudité. Je suis l'Éternel. Tu ne découvriras point la nudité de ton père, ni la nudité de ta mère. C'est ta mère : tu ne découvriras point sa nudité. Tu ne découvriras point la nudité de la femme de ton père. C'est la nudité de ton père. Tu ne découvriras point la nudité de ta sœur, fille de ton père ou fille de ta mère, née dans la maison ou née hors de la maison. Tu ne découvriras point la nudité de la fille de ton fils ou de la fille de ta fille. Car c'est ta nudité. Tu ne découvriras point la nudité de la fille de la femme de*

> *ton père, née de ton père. C'est ta sœur. Tu ne découvriras point la nudité de la sœur de ton père. C'est la proche parente de ton père. Tu ne découvriras point la nudité de la sœur de ta mère. Car c'est la proche parente de ta mère. Tu ne découvriras point la nudité du frère de ton père. Tu ne t'approcheras point de sa femme. C'est ta tante. Tu ne découvriras point la nudité de ta belle-fille. C'est la femme de ton fils : tu ne découvriras point sa nudité. Tu ne découvriras point la nudité de la femme de ton frère. C'est la nudité de ton frère*[1]*... »*

À la manière d'un leitmotiv, ce long passage scande l'interdit sexuel. Est réitérée la prohibition de « découvrir la nudité » d'un certain nombre de proches ou de personnes dont le statut personnel ou familial est précisé : leur proximité ou leur condition physique les rend inapprochables.

Dans la Bible, l'expression de « nudité découverte » est toujours un euphémisme pour décrire une relation sexuelle. Mais pour la littérature rabbinique, cette expression (en hébreu *gilouy arayot*) vient à décrire une sexualité d'un type particulier : la relation incestueuse. Il s'agit de l'intimité interdite par excellence, celle que l'on aurait avec un être trop proche ou le partenaire légitime d'un proche. La nudité de la femme d'un autre est décrite, par translation, comme la nudité de cet autre *(« ... la nudité de la femme de ton père, c'est la nudité de ton père »).*

Il peut sembler surprenant que ce passage ait intégré la liturgie du jour le plus solennel du calendrier juif. Comment comprendre que la lecture des

1. Lévitique 18 : 6-16 (traduction du rabbinat français).

interdits sexuels soit au cœur du rite, précisément le jour où toute sexualité est exclue, et où l'ascétisme est prôné ? Peut-être s'agit-il, en un tel jour de réunion familiale, de marquer le sacré et l'inviolabilité des liens familiaux, de rappeler ce que constitue la prohibition de l'inceste dans nos sociétés ? Il s'agirait en somme de réaffirmer au cœur du rite les fondements sacrés d'un vivre-ensemble, et de célébrer ce que Claude Lévi-Strauss appelait « la démarche fondamentale grâce à laquelle, par laquelle, mais surtout en laquelle, s'accomplit le passage de la nature à la culture[1] ».

Secret et sécrétion

La nudité à ne pas dévoiler porte dans le Lévitique un nom très particulier : *Erva*. Ce mot, scandé à chaque verset à la manière d'un mantra désigne littéralement la zone génitale. Son étymologie surprenante vaut que l'on s'y attarde. Pour comprendre le mot hébraïque *Erva*, il suffit d'étudier les mots qui dérivent en hébreu de la même racine.

Dans la Bible, ce terme désigne généralement l'organe sexuel, masculin ou féminin[2]. Mais la racine du mot se décline en d'autres significations, a priori éloignées. De nombreuses occurrences se

1. *Les Structures élémentaires de la parenté*, 1949.
2. Le Livre de l'Exode (20 : 22) recommande de construire un autel incliné afin que le prêtre puisse s'élever progressivement et ne pas risquer de révéler son « Erva », c'est-à-dire sa zone génitale.

rapportent à un écoulement de fluide, à l'action de vider ou d'écouler un liquide[1], qu'il s'agisse d'eau ou de sang[2]. La racine du mot *Erva* serait donc liée à la fois à l'organe sexuel et à l'écoulement d'un liquide (en gallois, par une étrange coïncidence, *Erva* signifie eau courante).

Par ailleurs, certaines expressions bibliques l'utilisent dans un sens encore différent. Au cœur du Deutéronome, il est dit qu'un mari peut répudier sa femme s'il trouve en elle « *Ervat davar* », soit littéralement « un fait d'*Erva*[3] », expression que l'on traduit par une « malséance », ou une « faiblesse ». *Erva* désigne ainsi parfois la vulnérabilité[4]. Dans ces différentes utilisations, ce même mot est donc corrélé à une faille ou à une fissure.

En résumé, il décrit tour à tour l'organe génital, la nudité, l'écoulement ou la faille. En recoupant les différentes déclinaisons du terme, on comprend que cette racine a toujours en hébreu quelque chose à voir avec l'orifice, ou la fissure par laquelle peut s'écouler un liquide. Elle renvoie alternativement à un lieu secret, ou à un lieu qui sécrète. En français aussi, l'étymologie de ces deux mots est commune : sécrétion et secret sont tous deux tirés du même mot latin s*ecretio* (séparer).

1. Voir aussi dans Genèse 24 : 20, « Ta'er », Rebecca « vide de l'eau » dans l'abreuvoir.

2. Voir Ezéchiel 16 : 22, « Eria » (même racine) définit le sang qui coule.

3. Deutéronome 23 : 15.

4. Genèse 42 : 9 ; Isaïe 20 : 4. (Les frères de Joseph sont accusés d'être venus explorer « ervat haaretz », la vulnérabilité de l'Égypte).

Pour comprendre le sens profond du mot *Erva*, il faut s'intéresser au phénomène physiologique de la sécrétion. Biologiquement, cette notion renvoie à la capacité d'un tissu, d'un organe ou d'une cellule de produire et de déverser une substance hors d'elle. Le lieu de la sécrétion est donc le point de jonction entre un intérieur et un extérieur. Il correspond au point de passage d'un produit à travers une membrane ou un tissu.

La meilleure traduction du mot « Erva » est donc, à mon sens, « zone de sécrétion », lieu du passage entre l'intérieur et l'extérieur d'un tissu ou d'un corps. Le caché y devient visible. Le secret y est dévoilé et le dissimulé devient dénudé. Shmuel Trigano le définit comme « ce qui se laisse exposer totalement dans l'extériorité alors qu'il relève de l'intériorité[1] ».

Le problème posé par cette découverte est à nouveau celui de la visibilité directe, c'est-à-dire de l'exposition sans médiation de ce qui était auparavant caché. Une membrane de séparation est traversée, fendue ou rendue poreuse et les frontières entre l'intérieur et l'extérieur du corps s'en trouvent floutées.

Découvrir la *Erva*, l'interdit répété du Lévitique, c'est traverser la membrane et savoir ce qui devait rester secret, voir ce qui devait être caché.

1. *Le Judaïsme et l'Esprit du monde*, Grasset, 2012, p. 151.

De la nudité, en général, à celle de la femme

Il faut noter qu'un glissement de sens s'opère entre l'utilisation biblique du terme *Erva* et celle de la littérature rabbinique plus tardive. Si dans la Bible, le terme s'applique autant à la nudité de l'homme[1] qu'à celle de la femme, progressivement, dans les textes ultérieurs (Talmud, légendes rabbiniques, etc.), il ne qualifiera plus que l'organe sexuel féminin ou tout ce qui s'apparente à la nudité et la sexualité féminines. Autrement dit, si dans la Bible, l'humanité est nue, progressivement, seule la femme le reste.

Un glissement similaire s'opère d'ailleurs en arabe avec le mot « Farj ». Ce terme qui désigne au départ le sexe de l'homme et de la femme ne qualifie plus ultérieurement que l'organe féminin. Selon Fethi Benslama, qui le met en évidence dans *Le Sexuel monothéiste et sa traduction scientifique*, « *il se produit donc une chute à l'intérieur du discours, une « lésion symbolique du mot », pour reprendre l'expression de Jacques Lacan, par laquelle le concept de sexe disparaît, et d'une manière particulière puisque seule la femme l'a, au titre de l'organe* ». Progressivement, la nudité devient toute féminine.

Un second glissement de sens historique, lourd de conséquence, s'opère encore par la suite. Organe sexuel en général, puis organe spécifique de la

1. Dans la Genèse, le fils de Noé voit la « *erva* » de son père. Dans l'Exode, le grand prêtre ne doit pas révéler sa « *erva* »…

femme, le terme « *Erva* » en vient progressivement à qualifier dans la littérature rabbinique de nombreuses parties du corps féminin dont l'exposition constitue potentiellement une suggestion sexuelle. Est définie comme une nudité toute partie découverte susceptible de provoquer l'émoi de l'homme qui la voit ou l'entend. Dans le Talmud, on qualifie ainsi de nudité la voix de la femme, sa chevelure ou certaines parties de sa peau dont l'exhibition peut stimuler le désir.

La femme est donc devenue un être très largement « erva-tique » : un être secret et sécrétant dont la surface, à la manière d'une muqueuse, trahit l'intérieur du corps. Si l'on tient désormais le terme de *Erva* pour synonyme de membrane de sécrétion, zone de jonction entre l'intérieur et l'extérieur d'un corps, tout se passe comme si la femme était un être sans peau. Elle disposerait de très peu de surface extérieure, beaucoup moins que n'en dispose l'homme, puisqu'une grande partie de son anatomie (jambes, chevelure, etc.) relèverait paradoxalement de son intériorité. La femme-muqueuse serait trop poreuse ou transparente pour cacher son intérieur.

Peau d'Âne – Peau de femme

Exiger de la femme qu'elle se couvre consisterait dès lors en une tentative de créer une membrane extérieure, c'est-à-dire de placer une seconde peau sur ce qui est perçu comme une intimité surexposée. Il faudrait pudiquement recouvrir un secret devenu trop visible.

Nous voici de retour dans le pays des contes de fées, celui où les princesses se cachent pour échapper à une malédiction qui les menace. Dans bien des récits, la femme doit être protégée par une peau ou un manteau car son corps est trop nu pour s'exposer sans danger. Dans Peau d'Ane, un roi veuf décide d'épouser sa fille à la peau fine et blanche, dont la beauté n'est à nulle autre pareille au sein du royaume. Pour échapper au sombre projet incestueux de son père, l'infante écoute les conseils de sa fée-marraine qui lui enjoint de se procurer l'enveloppe dépecée de l'âne royal. Parée de cet horrible manteau animal, la voilà enfin en mesure de quitter le palais et d'échapper au désir de son père. La peau nue de la princesse fait d'elle un être vulnérable, en proie à la violence sexuelle de son père. Sa deuxième peau la couvre et la protège, tant elle l'enlaidit. C'est seulement ainsi qu'elle peut sortir du palais.

Dans le conte de Perrault, la femme est menacée parce qu'elle est nue. L'est aussi avec elle l'ordre moral de toute une société, où vacille l'interdit de l'inceste. Une fois couverte, la femme cesse d'être pour l'homme l'objet du désir irrépressible. Elle est comme instantanément neutralisée par l'identité animale qu'elle endosse, qui semble contrebalancer sa fragile féminité. Ainsi, la fée lui dit-elle : « Enveloppez-vous de cette peau, sortez de ce palais, et allez tant que terre vous pourra porter : lorsqu'on sacrifie tout à la vertu, les dieux savent en récompenser. » Grâce à sa peau d'âne, la femme peut soudain exister à l'extérieur d'elle-même et du palais, à la manière d'un homme. Et pour cause : la peau de l'âne est celle d'un mâle, et c'est parce que le masculin est l'être dermique qu'il peut sortir au-dehors sans danger. La femme-muqueuse, bien trop vulnérable, reste condamnée à habiter son intériorité, au-dedans de son hymen, à moins qu'une peau greffée ne lui permette de ne plus menacer le monde de son impudeur. Le corps de l'animal est violenté pour que celui de la femme ne le soit pas. L'un a perdu sa peau pour que l'autre en ait enfin une.

L'impure

Si l'impudeur est l'exposition au-dehors de ce qui devrait rester au-dedans, on comprend mieux dès lors pourquoi tant de textes de la littérature religieuse s'intéressent aux sécrétions du corps, et plus particulièrement aux écoulements de la femme.

Pendant une partie de son cycle et plus précisément autour de la période menstruelle une femme est considérée selon la loi juive comme *nidda*, c'est-à-dire qu'elle est « tenue à l'écart ». Certains contacts avec elle, notamment sexuels, sont interdits. Son état est généralement défini comme une situation d'impureté passagère. Mais le terme d'impureté (traduction de l'hébreu *touma*) est à la fois complexe et dérangeant. Pour comprendre son sens, il faut se référer à d'autres situations qui, selon la loi juive, créent un état similaire. Ainsi un homme qui aurait eu une émission séminale involontaire, une « pollution nocturne », est lui aussi considéré pour un temps restreint comme étant dans un état comparable. Après un accouchement, la femme connaît ce même statut.

Elle est considérée comme intouchable, et temporairement mise à distance du groupe.

Le point commun entre ces situations très différentes renvoie, à nouveau, à l'expulsion et à la sécrétion, c'est-à-dire au passage d'un « produit » intérieur vers l'extérieur, du domaine de l'invisible du corps vers celui du visible. L'impureté serait donc une forme d'exposition excessive, de faille corporelle, qui nécessite un éloignement temporaire de la personne, le temps pour elle de reconstituer dans cet isolement ses « frontières ». Le corps surexposé est, pour un temps, désexposé.

La notion d'impureté, dans nos sociétés et pour une conscience moderne, est à la fois subversive et abstraite. Elle est associée à la saleté, à la souillure. En hébreu, son origine est plus complexe. Ainsi, un texte juif du IIe siècle de notre ère définit trois sources majeures d'impureté : la mort, la lèpre et les reptiles[1]. Cette liste restrictive mérite d'être décryptée. Les trois fléaux cités ont chacun quelque chose à voir avec un état de frontière en décomposition. Dans chaque cas, une membrane entre extérieur et intérieur n'est plus claire ou disparaît.

La lèpre est une maladie de peau associée dans ses symptômes les plus visibles à une décomposition du derme, autrement dit à la destruction d'une frontière entre l'intérieur et l'extérieur du corps. Le serpent est l'animal qui, naturellement et fréquemment, vit une même desquamation. Il est celui qui mue en perdant sa membrane extérieure. Enfin, la mort, d'un point de vue biologique, est souvent définie comme l'arrêt du

1. Tohorot 1 : 5.

fonctionnement des parois de séparations physiologiques. La vie cellulaire ou organique est assurée par l'existence de barrières qui séparent les tissus et les organes, et créent une tension, une différence de pression de part et d'autre de cette séparation. Ce qui définit la vie, c'est notamment le non-équilibre des pressions d'un côté et de l'autre d'une membrane. Un organisme vivant est dans un état de non-homéostasie : la différence de pression permet le passage d'éléments d'un côté à l'autre de cette membrane tandis que la mort met fin à la tension et à la pulsation.

La décomposition des membranes est donc commune à ces trois phénomènes. Telle peut être, dans la pensée hébraïque, la source de l'impureté. Est impur un corps qui ne présente plus de séparation claire entre son intérieur et son extérieur, entre son caché et son visible.

Le corps de la femme, jusque dans sa chevelure ou sa voix décrits comme nudité (*erva*), serait donc perçu comme une zone intime même à sa surface. Concevoir le corps de la femme comme largement « muqueux », c'est le percevoir comme plus poreux que celui d'un homme, comme couvert d'une membrane beaucoup plus fragile ou transparente que celle du masculin. Le féminin serait, dans cette vision, un être de membranes qui se fissurent ou se décrochent. En un sens, la femme serait assimilée à son processus menstruel.

Elle est aussi ramenée à la physiologie de la maternité et de la vie utérine. Elle est celle qui s'ouvre en donnant la vie, celle qui fait de son corps le passage de l'intérieur vers l'extérieur. La rupture de membrane permet la naissance, mais elle mène aussi à la mort. La femme est ainsi une porte ouverte entre un côté et l'autre, entre l'intérieur et l'extérieur, entre l'invisible et le révélé, entre la vie et la mort.

Le mot féminin, ou femelle, se dit en hébreu « *nekeva* », ce qui signifie littéralement « la trouée ». La femme est, bien souvent dans les textes, l'être percé, l'être orificiel.

Et si la « peur » du féminin procédait avant tout de cela : une peur de l'abolition des membranes, ce phénomène qui biologiquement définit la mort ? L'exigence de la pudeur consisterait à rétablir la frontière, à réhabiliter la séparation pour tenir à distance tant la femme que la mort.

Ce refus de se confronter à la faille nourrit parfois chez certains une obsession de l'orifice, qui semble cacher des angoisses plus profondes.

Le corps, microcosme social

Dans *De la souillure*, l'anthropologue Mary Douglas suggère que les rites corporels d'une société sont toujours le reflet d'une perception du corps social. Selon elle, le corps est toujours un porteur symbolique de l'organisation sociale dans laquelle il évolue. Il « reproduit à une petite échelle les pouvoirs et les dangers qu'on attribue à la structure sociale[1] ». Autrement dit, il est toujours le miroir d'un univers dont il se fait le microcosme.

1. Voir Mary Douglas, *De la souillure. Études sur la notion de pollution et de tabou*, Éd. La Découverte, 1967, trad. de l'anglais par Anne Guérin, 1992.

En admettant que la peur du féminin ait, dans une certaine littérature religieuse, quelque chose à voir avec une appréhension de la porosité du corps, l'obsession de la pudeur des femmes renvoie peut-être un groupe à son angoisse vis-à-vis de ses frontières sociales. Un élément en son sein est perçu comme trop vulnérable pour être exposé. N'incarne-t-il pas la nécessité de protéger d'autres vulnérabilités, à savoir les membranes du groupe ? Exposer sans protéger ferait prendre le risque d'une contamination sociale, aux zones liminales.

Questionner la pudeur revient alors à interroger en filigrane les critères d'appartenance au groupe : Qui est à l'intérieur ? Qui en est exclu ? Qui protège les frontières ? Qui les menace ? L'obsession du corps féminin recouvert traduit peut-être un souci de la porosité du groupe. La nudité exposée renvoie à la membrane qui le sépare de son environnement, et menace son étanchéité.

L'homme, une femme comme les autres ?

> Que tu es belle, que tu es attrayante, mon amour, dans l'enivrement des caresses. Cette taille qui te distingue est semblable à un palmier et tes seins à des grappes.
>
> LE CANTIQUE DES CANTIQUES 7 : 7-8

La Bible se méfie de la nudité, à l'exception d'un texte qui l'encense. Le Cantique des Cantiques résonne comme un poème érotique, un chant d'amour biblique. Ses huit chapitres décrivent une quête amoureuse entre un homme et une femme qui se cherchent et se désirent, se courtisent et se manquent. Ils se recherchent mais ne se trouvent jamais et la tension amoureuse, tout au long du récit, nourrit le désir inassouvi. Cette recherche de l'autre, magnifique chant du désir, ne parle jamais explicitement de Dieu, ni de foi ou de religion. Il n'y est, en apparence, nullement question de théologie ni de religiosité. C'est pourtant ce texte qui va devenir pour la tradition juive la quintessence du sacré littéraire, et une pièce maîtresse du canon biblique. Ainsi, au IIe siècle de notre ère, un célèbre sage du Talmud, Rabbi Akiva, peut-il affirmer : « Tous les livres de la Bible sont saints mais le Cantique des Cantiques est le Saint des Saints[1]. »

Les commentateurs juifs ont fait de ce poème une lecture allégorique. Le bien-aimé est Dieu lui-même et la fiancée est son peuple : le lien entre le divin et les hommes est métaphorisé dans cette tension amoureuse. La relation est abordée sur le mode du désir et de l'union. La chrétienté verra elle aussi dans ce lien amoureux la projection de ce qui lie Jésus à son Église.

Cette allégorie a de quoi surprendre, tant elle est paradoxale : Comment se peut-il que dans le monde de la maison d'étude, de la synagogue ou de l'église, un monde dont les femmes sont traditionnellement tenues à l'écart, la relation amoureuse entre un homme et une femme serve de modèle d'accès au divin ? Le procédé surprend d'autant plus que le groupe d'hommes-lecteurs s'identifie dans le texte, non pas au personnage masculin, mais bien à la femme du récit.

Le féminin, que l'on pourrait croire périphérique ou négligeable dans un univers littéraire largement androcentré, semble au contraire étonnamment présent, lorsqu'il s'agit de symboliser le groupe des croyants. Les hommes lisent et étudient constamment des textes qui font d'eux les femmes de Dieu. Dans le monde religieux, la femme est souvent tenue à distance mais le féminin, lui, est souvent reven-

1. Yadaim 3 : 5.

diqué. C'est ce paradoxe entre rejet et captation qu'il nous faut maintenant explorer.

L'homme-épouse du divin

Dans l'histoire d'amour entre Dieu et son peuple Israël, le divin est fréquemment présenté dans les textes comme un époux jaloux qui se choisit une compagne sous les traits d'un peuple « élu » féminin. Ainsi, la littérature biblique puis rabbinique cultive-t-elle la figure maritale du divin et file-t-elle fréquemment la métaphore nuptiale. Le don de la Torah au mont Sinaï, épisode où le peuple réuni au pied de la montagne reçoit les Tables de la Loi, est souvent décrit comme une noce. Israël est une mariée qui se prépare à la rencontre attendue avec son bien-aimé, pour sceller avec lui une alliance. Les Tables de la Loi sont le contrat de mariage que le fiancé offre à sa future épouse, tandis que la création tout entière et les anges réunis se portent témoins de cette union dont la voûte céleste est le dais nuptial. Le fiancé-divin fait alliance avec un peuple qui s'engage à établir avec lui une relation fidèle, c'est-à-dire à ne pas le « tromper » avec d'autres dieux.

Dans la Bible et la littérature juives des premiers siècles, le peuple d'Israël prend bien souvent les traits d'un féminin avec lequel Dieu tisse une relation d'intimité et dont il comble les besoins. Ainsi, par la bouche du prophète Ezéchiel[1], Dieu s'adresse-t-il à

1. Ezéchiel 16 : 8.

son peuple pour lui rappeler le temps béni de leur rencontre amoureuse : *« Je passais près de toi et vis que tu étais arrivée à l'âge des amours, j'étendis mon vêtement sur toi et couvris ta nudité, je m'engageai par serment et fis alliance avec toi... et tu fus à moi. »*

Mais le temps des noces de miel et de l'amour béat est éphémère. Dès lors, le peuple d'Israël est bien souvent présenté comme une épouse peu fiable et volage. Le couple est alors condamné à traverser des crises.

Le peuple-femme semble incapable de résister à l'appel de ces amants virtuels que sont les autres dieux : c'est la tentation polythéiste ou idolâtre. L'éloignement d'Israël du chemin monothéiste est toujours décrit dans la Bible par cette métaphore de l'adultère, celle d'une épouse infidèle et dépravée, prête à oublier ses engagements conjugaux.

Dans le livre d'Ezéchiel[1], Dieu s'en lamente : *« Tu t'es fiée à ta beauté et livrée à la prostitution. Tu as prodigué tes débauches à tout passant quel qu'il fut. »*

Mais, le Livre d'Osée est, sans doute, dans le canon biblique, le plus explicite en la matière. Voici l'histoire d'un prophète qui prend pour épouse une prostituée avec laquelle il bâtit un foyer. Ce couple, qui se déchire et se sépare, devient alors la métaphore de ce qui menace la relation de Dieu à son peuple. Malgré la débauche et la dépravation de cette femme, Osée reçoit de Dieu l'ordre de la reprendre pour épouse légitime. Ce livre biblique se veut une

1. Ezéchiel 16 : 15.

allégorie du lien endommagé mais réparable de Dieu à son peuple, d'une relation malmenée par les traîtrises et la débauche d'une femme. Tel en est le message : tout comme Osée a pu faire revenir celle qu'il aime dans le chemin d'un mariage vertueux, Dieu n'a pas perdu confiance en son peuple.

Dans les derniers chapitres de ce livre, Dieu déclare finalement à son peuple retrouvé : « *Alors je me fiancerai à toi pour l'éternité, tu seras ma fiancée par la droiture et la justice, par la bonté et la miséricorde. Je te fiancerai à moi en toute loyauté et tu connaîtras l'Éternel*[1]. » Ces trois versets de réconciliation conjugale, au cœur du Livre d'Osée sont parfaitement connus des juifs observants, puisqu'ils les prononcent presque chaque matin dans la prière.

Prendre femme chaque matin

Chaque jour ou presque, les juifs pratiquants enroulent autour de leurs bras et de leur front des lanières de cuir, appelées phylactères, ou *tefilines*. Sur chacune d'entre elles est placé un boîtier qui contient un petit parchemin recouvert de texte. Ces attributs de prière sont portés quotidiennement, un peu à la manière d'un diadème et de bracelets. L'homme s'en enroule et s'en pare, plaçant ainsi sur lui comme un bijou le texte dont il s'enveloppe.

La lanière de cuir est enroulée sur le bras puis attachée à la main, comme un anneau autour du

1. Osée 2 : 21-22.

doigt. Au moment précis où l'homme enroule ce fil autour de son majeur comme il y glisserait une bague de fiançailles, il prononce les fameuses formules de fiançailles tirées du Livre d'Osée.

Quotidiennement, l'homme répète les paroles du Dieu-époux à l'attention du peuple épousé. La pose de *tefilines*, qui ouvre la prière matinale, figure donc dans sa gestuelle et dans son texte une scène de mariage. La parole de Dieu adressée à l'homme est une promesse d'amour réitérée quotidiennement à celui qui s'en orne comme d'un bijou.

Là encore, le divin époux est mâle dans l'évocation allégorique, tandis que l'homme en prière (traditionnellement, seuls les hommes posent les *tefilines* même si certaines femmes les portent dans le monde juif libéral) est symboliquement femelle. Le verset d'Osée s'adresse d'ailleurs à une femme : en hébreu, dans ce verset, l'interlocuteur est grammaticalement du genre féminin.

Féminisation du mâle

Il est d'autres moments du culte juif où l'homme semble ainsi « féminisé ». Notamment au jour d'un rituel qui, par définition, ne concerne que les mâles : la circoncision.

Au jour de son entrée dans l'alliance, le petit garçon âgé en principe de huit jours est porté sur les genoux de son parrain, tandis que la coupure de son prépuce vient marquer dans sa chair son identification au groupe. La liturgie prononcée pendant la cérémonie est, en partie, tirée du Livre du prophète Ezéchiel. Il y est dit, comme il est répété à l'enfant mâle au moment où un peu de sang s'écoule de son pénis : « Tu vivras dans ton sang ! » Ce verset mystérieux fait référence au passage de la Bible où Dieu vient au secours de sa bien-aimée blessée, la protège et crée avec elle une alliance. Le « tu » du verset, adressé au petit homme, est formulé, là aussi, au féminin. C'est au féminin que l'on s'adresse au bébé mâle qui entre dans l'alliance.

Pourquoi féminiser un langage qui s'adresse exclusivement aux mâles ? Les interprétations s'affrontent quant à cette « confusion » apparente des genres dans le rite. Dans *Le Sexe des âmes*[1], Charles Mopsik suggère que la circoncision servirait symboliquement à lever toute ambiguïté sur l'appartenance sexuelle du petit garçon. Une fois sorti du corps d'une femme, l'enfant mâle doit être différencié de son état originel, coupé de là d'où il vient, du féminin, pour s'en distinguer définitivement. Selon cette théorie, le prépuce serait identifié à un organe de type féminin, comme une membrane qui serait propre à l'anatomie féminine, dont il faut se défaire pour entrer dans le masculin réel et définitif. À l'instant de sa circoncision, le petit garçon entrerait pour toujours dans le monde des hommes, en se débarrassant d'une peau qui à la manière d'un hymen le raccrochait au monde du féminin. Nous avons développé au chapitre précédent l'idée que le

1. C. Mopsik, *Le Sexe des âmes. Aléas de la différence sexuelle dans la Cabale*, éd. de l'Éclat, 2003.

féminin est défini par le passage entre l'intérieur et l'extérieur du corps. L'organe sexuel masculin, une fois débarrassé de cette membrane, devient entièrement externe, c'est-à-dire mâle sans ambiguïté.

Selon d'autres chercheurs, la circoncision correspondrait à un processus précisément inverse. La coupure viendrait symboliser une forme de féminisation partielle du corps du petit garçon, à travers l'inscription dans la chair masculine d'une « déficience » pensée comme radicalement féminine[1]. Le féminin se dit en hébreu *nekeva*, ce qui signifie « percée », « oblitérée », et renvoie à l'existence d'un manque dans la chair. C'est cette oblitération qui s'incarnerait dans la circoncision et s'inscrirait dans le corps. Entrer dans l'alliance avec le divin signifierait être prêt à entretenir avec lui, et pour toujours, un lien de féminin à masculin, se préparer à une vie religieuse de type conjugal.

La posture de féminité dans laquelle se présente l'homme juif semble donc ne pas poser de problème aux rabbins. Si c'est le peuple d'Israël qui dans la Bible est l'épouse du divin, l'homme juif, à titre individuel, est aussi placé dans une relation d'épouse à Dieu. G.A. Morali, dans *Kabbale, corps et âme*[2] écrit que « la grandeur de l'être Israël, c'est de savoir qu'il n'est que le féminin de Dieu », partenaire femelle par rapport au divin.

1. Voir Daniel Boyarin. « This We Know to Be the Carnal Israel : Circumcision and the Erotic Life of God and Israel », Critical Inquiry, Spring, 1992, p. 474-506.

2. Gilles-Avraham Morali, *Kabbale, corps et âme*, Éditions Ramhal, 2009, p. 90.

Howard Eilberg-Schwartz, dans *God's phallus*[1], cite de nombreux extraits de la littérature rabbinique des premiers siècles où un héros biblique se voit privé d'un attribut de masculinité, ou placé en situation de féminisation, afin de s'élever. À l'appui de commentaires médiévaux, il cite notamment le célèbre combat de Jacob contre l'ange, au cours duquel le patriarche est touché en haut de la cuisse, près de la hanche. Cette blessure aurait un lien avec l'organe sexuel[2]. Jacob, qui dans l'euphémisme biblique est touché à la hanche, aurait été presque émasculé au moment où il acquiert son nom « Israël », dont ses descendants hériteront.

Dans un texte du Xe siècle[3], l'expulsion d'Adam du jardin d'Éden est racontée sous la forme de la répudiation d'une épouse par son époux. Dieu aurait donné à Adam un « *get* » (un acte de divorce religieux) au sortir de l'Éden, comme un homme le fait pour l'épouse dont il se sépare. Dans ce texte, c'est donc toute l'humanité, et non simplement le peuple juif, qui est traîtée par le divin comme une femme. L'expulsion du jardin d'Éden ferait de chacun d'entre nous une femme répudiée.

1. Howard Eilberg-Schwartz, *God's Phallus and Other Problems for Men and Monotheism*, Beacon Press, 1994.

2. La partie anatomique touchée porte, dans la Bible, le nom de tendon du « nashé ». Or, étymologiquement, ce mot aurait quelque chose à voir avec « nashim » (en hébreu : les femmes). Le célèbre commentateur Rashi suggère déjà que Jacob aurait été touché à proximité de l'organe de l'alliance, lieu de la *brit mila*.

3. Tanna de bey Eliyahou Rabba.

Culte et puériculture

D'une certaine manière, le rituel du culte juif met en scène cette féminisation des fidèles, dans l'enceinte de la synagogue. Dans les communautés juive orthodoxe, hommes et femmes sont séparés. Les hommes occupent l'espace principal et mènent l'office, tandis que les femmes sont installées dans un espace plus périphérique, soit au-dessus du lieu de prière – au balcon –, soit à l'arrière-scène – au « poulailler ». Les femmes sont séparées de l'espace masculin par un muret ou un rideau, appelé en hébreu *meh'itza*, coupure.

Les hommes, qui mènent l'office, sont donc en charge de la lecture de la Torah. Le rituel de sortie des parchemins dans les synagogues est très chorégraphié et ritualisé. À un moment précis de l'office, tous les fidèles se lèvent et le rideau de l'arche est ouvert. Les rouleaux de la Torah apparaissent et l'un d'entre eux est placé délicatement entre les bras d'un homme de l'assistance qui l'enlace, un peu à la manière d'un parent tenant un enfant contre son épaule. L'homme et le livre qu'il porte avec amour débutent alors une procession dans l'espace principal de la synagogue, c'est-à-dire exclusivement parmi les hommes. Il est traditionnel pour chacun de ces hommes de s'approcher du rouleau, de le toucher délicatement, ou d'embrasser le tissu qui le couvre, tout au long du rituel de procession. Parfois, le rouleau est passé de main en main, mais il est toujours manipulé avec une délicatesse extrême et une grande tendresse. À l'issue de la procession, l'homme et la Torah reviennent près de l'autel et l'on peut procéder au déshabillage de la Torah et à sa lecture.

Dans la procession, les marques du plus grand respect sont manifestées à l'égard du livre. Ce dernier est porté comme un petit être que l'on viendrait fièrement présenter à une communauté qui s'en approche, le cajole et l'embrasse. Plus tard, le rouleau est élevé, porté à bout de bras, et présenté à la vue de tous, tel un nouveau-né accueilli par sa famille élargie, sa tribu réunie.

Cette image d'une communauté dorlotant son texte comme un parent son enfant se prolonge dans le rituel de la lecture. La robe de la Torah, cousue dans un tissu précieux, est délicatement ôtée, découvrant un autre tissu appelé *mappa*, longue bande de coton ou de lin qui enveloppe le parchemin lui-même. Cette bande textile pourrait être décrite comme une sorte de « sous-vêtement » de la Torah. Elle l'est littéralement, puisqu'il s'agit d'un lange d'enfant, qui enveloppe le texte. La tradition juive, dans le monde ashkénaze, veut qu'un garçon de trois ans vienne apporter à la synagogue, sous la forme d'un long morceau de tissu, un des langes de sa petite enfance. Ce textile brodé par une mère ou une grand-mère porte l'inscription de son nom, parfois sa date de naissance et le nom de ses parents. C'est dans ce tissu qu'on enroule dorénavant la Torah. Ainsi, le livre, enfant-chéri de la communauté, est-il habillé des vêtements d'un enfant, lui-même protégé et soigné par ses parents.

Le rite sacré, réservé traditionnellement aux hommes dans l'enceinte de la synagogue, a des allures de pouponnage. En un sens, le culte semble mimer la maternité, ou du moins des gestes qui furent longtemps l'apanage des mères, dans un monde d'hommes dont les femmes sont généralement exclues ou simples spectatrices.

De facto, les mères véritables sont tenues à distance de ces rituels, isolées de l'autre côté d'une barrière. Daniel Boyarin offre à cette exclusion une interprétation originale. Il parle de ce qu'il appelle la « couvade » juive des rabbins, qu'il analyse comme une envie mâle ou une jalousie masculine vis-à-vis de certains attributs des femmes. Les hommes s'approprieraient ainsi symboliquement dans le culte certaines fonctions qu'ils n'assument (ou n'assumaient) pas hors de l'enceinte synagogale[1].

Il s'agit là d'une antithèse à la célèbre théorie freudienne de « l'envie du pénis », selon laquelle la femme est celle qui jalouse le membre qu'elle n'a pas. Ici, dans ce que Boyarin définit comme une « couvade », c'est l'homme qui tenterait de s'approprier ce qui lui manque. C'est lui qui, cette fois, se percevrait comme déficient, tandis que la femme se présenterait, elle, dans toute sa plénitude. L'activité religieuse des hommes serait parfois l'expression d'un désir matriciel qui n'est pas tant une célébration de la femme qu'une tentative de s'approprier le féminin et d'en contrôler les fonctions maternelles.

1. D. Boyarin, « Jewish Masochism : Couvade, Castration and Rabbis in Pain », *American Imago*, 51, p. 1, 1994, Spring, p. 3.

L'homme réglé

De nombreuses cultures ont pour habitude de féminiser leurs ennemis, et de les présenter ainsi comme défaillants, ou dégénérés. Ces attaques contre la virilité de l'opposant sont aussi fréquentes dans les gradins des stades que dans les rangs des armées. Les ennemis d'une nation ou d'un groupe sont souvent jugés « efféminés » par leurs adversaires.

Les juifs ont été particulièrement victimes, à travers l'histoire, de ces discours de dénigrement par le genre. On trouve dans la littérature antisémite du Moyen Âge de nombreux textes consacrés au corps des Juifs et à leur physiologie censément déviante. Une des particularités parfois attribuées aux Juifs y serait notamment d'avoir chaque mois leurs règles, à la manière des femmes. C'est d'ailleurs cette théorie qui aurait alimenté les accusations persistantes de meurtres rituels : certains écrits antisémites suggèrent en effet qu'une hémorragie mensuelle mènerait les juifs à s'en prendre à des enfants chrétiens, pour régénérer le sang qu'ils auraient perdu au cours de leurs menstruations [1].

1. Voir par exemple *Acta Sanctorum*, April vol. 2, 1675, 507. Gottfried Henschen y explique : « Les hommes et les femmes juives souffrent d'un flux menstruel. Ils ont découvert que boire le sang d'un homme chrétien est un traitement efficace contre cette atteinte. »

Au Moyen Âge, déjà, de nombreux textes de la littérature religieuse – chrétienne ou juive – décrivent les menstruations féminines comme une punition reconduite à chaque génération pour la faute d'Ève, sorte de malédiction héritée pour l'acte de transgression originel. La littérature chrétienne antisémite médiévale extrapole cette idée : si les règles sont le châtiment d'une faute primordiale, les juifs, hommes et femmes, doivent eux aussi en versant du sang payer pour leur péché « originel », celui de la non-reconnaissance du Dieu vrai[1].

Sander Gilman, dans *The Jew's Body*[2], affirme que dès l'Antiquité la masculinité juive était déjà perçue par le monde gréco-romain comme féminisée. Un des éléments de cette image non virile serait le rite de la circoncision, perçu comme une castration par un monde gréco-romain qui avait cette pratique en horreur.

Cette masculinité non virile, présente dans la rhétorique antisémite grecque ou chrétienne, est d'une certaine manière revendiquée par les Juifs eux-mêmes. Non pas comme une tare, une malédiction ou une défaillance mais, au contraire, comme une distinction. Elle constitue une élévation au-dessus de la virilité brutale et bestiale parfaitement incarnée par Rome, selon la littérature rabbinique.

Dans le Talmud, on trouve de façon récurrente une rhétorique qui célèbre l'homme juif, et tout particulièrement son archétype rabbinique, en tant

1. S.L.Gilman, *Jewish Self-Hatred : Antisemitism and the Hidden Language of the Jews*, Baltimore, 1986, p. 74-75.
2. S.L. Gilman, *The Jew's Body*, Routledge, 1992.

que différent de et supérieur à l'hyper-masculinité machiste du monde romain. La masculinité juive devient un contre-modèle de la virilité du gladiateur. L'ethos juif de la virilité serait une réaction aux marqueurs et attributs de la virilité environnante. Parce que la culture romaine a en horreur la soumission masculine, les juifs entreprennent de la valoriser, et ce choix social constituerait une forme de résistance à la culture dominante. Dans un environnement qui valorise la force et l'activité physiques comme marqueurs de la masculinité, les juifs sont perçus par le pouvoir dominant comme passifs et féminins tandis que le judaïsme développe, de son côté, un discours qui dévalorise la culture d'une virilité toute musculaire. Au lieu de se défendre contre ces accusations stéréotypées, les juifs les ont peut-être endossées et revendiquées en développant une rhétorique anti-romaine[1]. Le stéréotype de cette masculinité devient pour les rabbins celui de la brute épaisse, tandis que la virilité juive s'approprie d'autres valeurs.

De nombreux récits du Talmud mettent ainsi en scène des hommes qui combattent avec d'autres armes que celles de la force physique. On pourrait citer l'exemple de Rabbi Yoh'anan Ben Zakaï, l'homme qui abandonne Jérusalem, pendant le siège de la ville par le pouvoir romain, pour fonder l'école rabbinique de Yavné. Il est décrit comme se faisant passer pour mort afin de fuir les combats dans

1. Voir D. Boyarin, *Homotopia : The Feminized Jewish Man and the Lives of Women in Late Antiquity*, Differences, 7.2, 1995, p. 41-81.

l'enceinte des murailles de la ville sacrée, lors de la destruction du second Temple. Il incarne dès lors pour la tradition le combat par l'étude plutôt que par les armes. Au nom de cet idéal, il est prêt à s'humilier et à feindre la mort. C'est de lui que le Talmud fait un héros, et non de ceux qui combattent par leurs armes l'ennemi romain jusqu'à la mort, tels les retranchés de Massada.

Un autre récit talmudique illustre à merveille la confrontation entre l'homme de Rome et le modèle rabbinique de la virilité. Il s'agit de la rencontre entre deux célèbres sages qui étudient ensemble à la yeshiva : Rabbi Yohanan et un certain Rich Lakich[1].

L'imberbe érudit et le gladiateur repenti : petite étude talmudique

Rabbi Yoh'anan et Rish Lakish vivaient dans la Palestine du IIe siècle de notre ère. Au début du récit talmudique qui les met en scène, seul l'un d'entre eux, Rabbi Yohanan, est un célèbre rabbin qui consacre sa vie à la Torah et à l'étude. Il est reconnu pour sa sagesse et son érudition et aussi, nous dit le Talmud, pour son incroyable et légendaire beauté. L'autre personnage, Rich Lakich, est au début du récit un brigand juif, très éloigné du monde de l'étude. Voici comment leurs routes se croisent au bord d'une rivière :

1. Talmud de Babylone – Baba Metzia 84a.

« Un jour, Rabbi Yohanan nageait dans le Jourdain. Rich Lakich le vit et le prit pour une femme. Il jeta son couteau et plongea derrière lui. Yohanan lui dit : ta force devrait être consacrée à [l'étude de] la Torah. Rich Lakich lui répondit : et toi, ta beauté devrait être pour les femmes. Rabbi Yohanan lui proposa alors : si tu changes de voie, je te donnerai en mariage ma sœur qui est encore plus belle que moi. Rich Lakish accepta le marché. Il tenta de regagner le rivage mais ses forces l'avaient abandonné. Rabbi Yohanan lui enseigna, par la suite, tous les textes de la tradition et Rich Lakich devint un grand homme. »

Dans les eaux du Jourdain, la vie du brigand Rich Lakich bascule. Au cœur de la rivière, un étrange marché est conclu qui se solde par un double-mariage : avec une femme et avec la maison d'étude.

C'est dans ce nouveau rôle, celui de l'érudit plutôt que celui de l'homme d'action que, pour les rabbins, la virilité véritable et louable peut s'exprimer.

On comprend dans ce passage qu'à travers la confrontation de deux hommes deux modèles de virilité s'affrontent. D'un côté Rich Lakish et le masculin musculaire et physique, influencé par le monde gréco-romain dans lequel il évolue. La violence physique et sexuelle est implicite dans le texte. Le brigand-voyou, l'homme au couteau se jette à l'eau, pour rejoindre celui qu'il prend pour une femme. Face à lui, Rabbi Yohanan est un tout autre homme. Un être à la beauté exceptionnelle, dont le Talmud dit qu'il était imberbe. Ce détail sur la pilosité du rabbin n'est pas anodin. Il nous décrit un homme

« féminin », dépourvu des attributs traditionnels de la masculinité. Voilà pourquoi dans la nudité de la baignade, l'autre le prend pour une femme.

Mais cette virilité alternative est tout de même celle qui dans ce combat va triompher. Rich Lakish abandonne son couteau, symbole phallique, près de l'eau. Puis, dès qu'il accepte le marché de Yohanan, c'est sa force physique qui l'abandonne : il peine à rejoindre le rivage. Il semblerait qu'un transfert de force ait eu lieu dans les flots du Jourdain, du muscle du brigand à l'esprit du grand talmudiste.

La monnaie d'échange, dans l'accord entre Yohanan et Rich Lakish, est une femme. La présence féminine « réelle » dans le texte est clairement instrumentalisée, réifiée, au nom du projet transcendant : ramener l'homme à la Torah.

Le texte ne s'arrête pas là. Un jour, les deux hommes, devenus partenaires d'étude inséparables, amis et beaux-frères, débattent d'un point de droit spécifique. Il s'agit en l'occurrence de savoir quand la fabrication d'un couteau est considérée comme achevée. Dès lors que la fabrication prend fin, selon la loi, l'instrument peut être rendu impur au contact d'un autre objet.

Les deux hommes confrontent leurs points de vue sur cette question qui peut sembler anecdotique : Rabbi Yohanan affirme que c'est le passage du métal par le feu, le moment où l'objet prend sa forme définitive qui constitue le point de fabrication du couteau. Quant à Rish Lakish, il est convaincu que c'est le passage par l'eau, c'est-à-dire le trempage du métal dans un liquide, qui fixe la forme de l'objet et scelle donc les étapes de sa fabrication. Rabbi Yohanan clôt le débat en disant à Rish Lakich : « Je vois qu'un bandit s'y connaît en couteau ! » Rich Lakish, fou de rage, lui répond : « Mais que m'as-tu donc apporté ? Dans le monde des brigands, on m'appelait “maître” et à la yeshiva, on m'appelle “maître”. Tu ne m'as donc servi à rien ! » Rich Lakish, immédiatement après cet échange, tombe malade et meurt. Puis c'est au tour de Rabbi Yohanan de mourir, dans le désespoir d'une amitié perdue.

Dans cette deuxième partie du récit, il est à nouveau question d'un combat entre deux hommes, mais cette fois transposé à l'intérieur du monde de la yeshiva : non plus en pleine nature mais en pleine « culture » rabbinique. Tels des gladiateurs, deux hommes se battent. Sans épée ni couteau, mais à coups de mots et d'arguments. Leur combat est sanglant voire mortel puisque aucun des deux ne survit à l'altercation.

Ils s'affrontent sur une question de loi juive, car telle est l'activité quotidienne de la maison d'étude. Le débat d'idées et la divergence d'opinions sur la loi sont, pour les rabbins, élevés en valeur suprême. Il s'agit de débattre pour interpréter et renouveler la lecture des textes et de la loi.

Mais dans le cas présent, l'affrontement tourne mal, sans doute parce que le sujet réel du débat n'est pas simplement la question du statut d'un couteau et de sa fabrication. Ce dont il est question c'est la nature même de la relation entre ces deux hommes. Une amitié débutée dans les eaux du

Jourdain prend fin autour de la problématique d'immersion d'un objet et de sa pureté.

La question posée par leur débat est, me semble-t-il, la suivante : à partir de quand quelque chose ou quelqu'un est-il achevé ? Autrement dit : quand peut-on considérer que la nature d'un objet ou d'un être est définitive et non transformable ? S'agit-il du moment où l'objet « sort du four », c'est-à-dire dès sa création ? Est-ce au contraire sa « plongée dans l'eau » qui finalise sa fabrication ? La question peut sembler anecdotique mais Rich Lakich la pose à la lumière de son histoire personnelle. Un homme est-il déterminé par ses origines ou peut-il changer réellement, une fois immergé dans la rivière ? Existe-t-il pour lui une possibilité de rédemption et de parachèvement ? En affirmant qu'« un brigand s'y connaît en couteau », Rabbi Yohanan lui signifie ainsi : « Toi, le brigand d'hier, tu n'as jamais cessé de l'être à mes yeux. Tu restes un étranger à la maison d'étude et dans le monde des rabbins, tu seras toujours un Romain parmi nous. » L'argument de son maitre et ami vient anéantir tout espoir de reconnaissance, toute volonté d'être accepté à l'égal de ses partenaires d'étude. Rish Lakish renvoie Yohanan à ses paradoxes et lui dit : la violence qui existait au-dehors et que semaient les hommes comme moi n'est pas si différente de celle qui règne à la maison d'étude et que tu sèmes.

Dans ce récit emblématique, on perçoit que la virilité des rabbins n'est pas nécessairement un renoncement à la force, mais le recours à d'autres armes. De très nombreux passages du Talmud affirment, de façon similaire, que la parole des sages peut tuer[1]. La virilité rabbinique n'est pas le renoncement à la force, mais sa transposition dans l'intellect et la parole. C'est cette violence-là qui finalement tue Rich Lakich. Le texte s'achève ainsi sans morale mais avec en suspens la question qui habite le texte dès ses premières lignes : Que signifie « être un grand homme » ? Qu'est-ce qui constitue une virilité louable et vertueuse ?

Une autre question demeure irrésolue : où sont les femmes dans ce monde ? Sont-elles, à l'image de la sœur de Rabbi Yohanan, condamnées à n'être qu'une monnaie d'échange, un fantôme sans nom ni visage, instrumentalisé par les hommes ou victime de leurs violences ?

De la maison d'étude, les femmes sont absentes mais non point l'érotisme. La relation des deux sages du Talmud est certes platonique mais aussi passionnelle qu'un lien amoureux. Leur proximité est capable de déclencher des émotions mortifères, à la manière d'une histoire d'amour qui finit mal, conduisant l'un des protagonistes à la mort et l'autre au deuil et à la folie. Si les rabbins dénoncent dans ce texte la violence de la virilité romaine, ils n'en sont pas pour autant dupes de celle que peut générer et nourrir leur propre système de valeurs. Cet épisode illustre ainsi la capacité du Talmud à percevoir ses propres contradictions. La force de cette littérature tient souvent à sa capacité de nourrir sa propre critique et de percevoir les paradoxes de son monde.

1. Voir, par exemple, dans le traité talmudique Yoma 87a, un célèbre rabbin tue un boucher en lui faisant simplement face.

De la même manière que la culture rabbinique encourage le débat d'idées et la confrontation de points de vue, les nombreux récits auxquels elle se réfère tolèrent l'ambiguïté des messages, sans dispenser une morale simpliste.

Le Talmud est un univers d'hommes, une littérature éditée, lue et étudiée exclusivement par eux pendant des siècles. Mais de très nombreux textes portent en filigrane la critique d'un monde tout masculin, potentiellement source de violence. Le féminin, dans le texte, prend alors les traits d'une épouse, d'une sœur, d'un enfant ou parfois même d'un sage, qui met en garde contre les dérives d'un système d'exclusion qui menacerait l'entreprise rabbinique et sa vision du monde. L'altérité discrète transparaît pour celui qui la cherche derrière l'auto critique masculine. Quand sa voix paraît enfin, le texte retrouve sa pudeur. Il redevient fidèle à ses valeurs.

Ne pas réduire la femme au féminin, ni l'homme au masculin

Le féminin dans le texte, nous l'avons vu, n'est pas seulement incarné par les femmes. De la même manière, être « un grand homme », n'est pas réductible à la simple expression de sa masculinité. Autrement dit, le Talmud semble concevoir que les genres ne sont pas réductibles aux sexes. Plusieurs textes brouillent les frontières entre les uns et les autres.

C'est le cas d'un extrait du Talmud qui aborde cette question sous un angle original : qu'est-ce qui fait d'un homme un mâle ?

Pour le comprendre, un détour par un extrait biblique a priori sans rapport est utile[1]. Le livre du Deutéronome énonce certains commandements ou attitudes qui ne concernent que les hommes. Il est ainsi écrit : « Trois fois dans l'année, tous les mâles (…) seront vus par l'Éternel ton Dieu au lieu qu'il choisira[2]. » Ce verset énonce l'obligation d'effectuer, trois fois par an, un pèlerinage vers Jérusalem. À l'époque où le temple s'y tenait, celle du judaïsme sacerdotal, tout homme devait s'y rendre. Ce devoir, qu'abolira la destruction du temple de Jérusalem en l'an 70, ne concernait en principe que la gente masculine.

Mais à partir de ce verset, le Talmud approfondit l'analyse et tente de comprendre qui précisément était visé par ce commandement, ou plus exactement, qui y échappait. Ainsi est-il écrit[3] :

> *« Toute personne est tenue de se présenter devant Dieu [en ces trois occasions] sauf le sourd, le dément, l'enfant, l'hermaphrodite, l'androgyne, les femmes, les serviteurs non libérés, le handicapé,*

1. Je remercie Liliane Vana de m'avoir orientée vers ce commentaire développé dans sa conférence « Identité de genres dans la loi rabbinique » – donnée en janvier 2009 à l'Alliance Israélite Universelle. http://www.akadem.org/sommaire/colloques/homme-femme-questions-sur-le-lien-entre-sexe-et-genre/identite-de-genre-selon-la-loi-rabbinique-24-07-2009-7836_4140.php
2. Deutéronome 16 : 16.
3. Traité talmudique Haguiga 1 : 1.

l'aveugle, le malade, le vieillard et toute personne qui ne peut se déplacer à pied. »

Sont énoncées douze catégories de population exemptées du commandement du pèlerinage. Que nous enseigne cette liste hétéroclite ? Sont exclues du pèlerinage et donc de la catégorie biblique du « mâle » : les femmes mais également toute personne dont le sexe n'est pas clairement défini (hermaphrodite, androgyne), ou toute personne aliénée, handicapée ou mineure.

La définition du « mâle » dans la littérature rabbinique serait donc la suivante : un individu de sexe masculin, majeur, libre, et non handicapé. Du point de vue de cette littérature, il n'y aurait que deux genres : le masculin qui est celui de l'individu majeur et libre, et le féminin qui regroupe tout ce qui n'est pas cela.

Le Talmud envisage donc une distinction originale entre sexe et genre. Le masculin définit l'être capable d'autonomie. Le genre féminin devient symboliquement le référent identitaire de toute personne dans un état d'aliénation, de dépendance, physique ou statutaire, quel que soit son sexe.

Le masculin ne concerne donc pas tous les hommes, ou en tout cas, il ne les définit pas en permanence. Cette lecture peut sembler à la fois caricaturale et insultante pour les femmes, réduites au genre de l'assisté. Mais elle ouvre en réalité d'importantes clés d'analyse : la littérature rabbinique envisage les attributs du genre par-delà la simple détermination du sexe : un homme ne peut être exclusivement et de façon permanente décrit par sa masculinité. Si le masculin ne définit pas tout homme, pourquoi la femme serait-elle toujours réduite à son féminin ? La littérature talmudique semble bien plus audacieuse que ceux qui parlent aujourd'hui souvent en son nom pour explorer la complexité des identités humaines.

Contrôler ses passions

Si le mâle se définit, aux yeux des rabbins, comme un individu libre et non dépendant, il ne doit pas simplement l'être vis-à-vis de ses contemporains mais surtout vis-à-vis de ses pulsions. À nouveau, c'est la littérature rabbinique qui l'affirme, à travers un proverbe : « Qui est fort/viril ? Celui qui domine son mauvais penchant[1]. » Le mâle véritable est donc celui qui a la force de contrôler et de maitriser ses pulsions, de jouir d'une certaine autonomie vis-à-vis de ses passions. Une telle définition dresse en creux la vision d'un féminin dont l'une des caractéristiques serait la dépendance à son désir, et la soumission à ses penchants.

Michael L. Satlow analyse cette notion de la masculinité[2] et affirme que le judaïsme rabbinique définit le masculin comme la capacité de contrôler ses pulsions et ses passions mais rappelle que cette vertu

1. Mishna Avot 4 : 1, éditée au IIe siècle (« gibor » signifie, en hébreu, à la fois fort et viril).

2. « Try to Be a Man » : The Rabbinic Construction of Masculinity, *The Harvard Theological Review*, vol. 89, nº 14, janvier 1996, p. 19-40.

n'est pas propre au discours juif de l'époque antique. Cette idée se retrouve notamment chez Aristote, pour qui le manque de contrôle est un signe de vulnérabilité, une caractéristique identifiée au féminin.

Le féminin contaminant

> L'homme redoute d'être affaibli par la femme, d'être contaminé par sa féminité et de se montrer alors incapable.
>
> Sigmund Freud, *Le Tabou de la virginité*

La femme serait donc souvent décrite dans la littérature antique comme un être de dépendance, non seulement à l'égard des hommes – tout particulièrement de son époux – mais aussi de ses propres passions, tandis que le masculin serait le genre de l'autonomie et du self-control.

Le paradoxe de cette définition du genre est évident.

L'obsession ultra-orthodoxe de la pudeur des femmes somme ces dernières de cacher leur corps pour ne pas tenter l'homme. Mais pourquoi devraient-elles à tout prix se préserver du regard des hommes si le propre de l'homme et de la virilité est précisément la capacité à contrôler ses pulsions ? Pourquoi la femme constituerait-elle une menace pour l'homme, quand elle seule est un être incapable de se contrôler ? S'agit-il de la protéger ainsi d'elle-même, de sa propre pulsion et de son incapacité à se dominer ? S'agit-il de protéger l'homme d'une bien plus grande menace ?

Selon la logique rabbinique, l'homme qui cède à ses pulsions, notamment sexuelles, entre immédiatement dans la catégorie du féminin.

Telle pourrait bien être la véritable menace : dès lors qu'elle place l'homme en situation de céder à la tentation, la femme lui fait courir un risque de féminisation. L'homme cache alors la femme, au contact de laquelle il risque d'en devenir une. Tenir la femme à distance et couverte revient à dire : « Pourvu que je ne sois pas toi ! ». C'est d'une contamination du féminin qu'il s'agirait alors de se protéger.

La bénédiction du féminin

« Pourvu que je ne sois pas toi » : cet impératif de mise à distance de la femme est presque la formule que les hommes juifs traditionnalistes prononcent chaque matin. Dans la liturgie quotidienne, figure toujours la bénédiction « Béni sois-tu, ô mon Dieu, de ne pas m'avoir fait femme ». Cette formulation, qui exprime la gratitude de ne pas appartenir à l'autre sexe, a depuis longtemps été retirée des livres de prière du judaïsme libéral. Au sein du monde orthodoxe, elle fait souvent l'objet d'interprétations et de tentatives de justification que l'on peut qualifier d'apologétiques. Il s'agit pour de nombreux exégètes de « cashériser » son message et d'adoucir son sens afin de le rendre audible et digeste pour leur génération.

On trouve un exemple traditionnel d'une telle argumentation sous la plume du Grand Rabbin Ernest Guggenheim (1916-1977) lorsqu'il écrit qu'à travers cette bénédiction, « l'homme exprime sa gratitude d'être soumis à toutes les *mitsvot* (commandements) étant donné que les femmes sont exemptées de certaines d'entre elles[1] ».

1. Dans *Les Portes de la Loi. Études et Responsa*, Albin

Il s'agirait donc pour l'homme de se féliciter chaque matin, non pas de ce à quoi il a échappé – la féminité –, mais de ce à quoi il n'a pas échappé – les commandements religieux qui lui incombent en tant qu'homme. L'homme a, en effet, le devoir d'une pratique élargie par rapport à celle de la femme. Selon la tradition, cette dernière est exemptée d'un certain nombre de rites[2], notamment du port des *tefilines* (phylactères) ou de celui du châle de prière. Pourquoi cela ? Parce que, poursuit le rabbin Guggenheim, *« elle n'en a pas réellement besoin. En effet, elle porte biologiquement, au plus profond de son être, une disponibilité à la sanctification. Elle est dispensée de ces commandements, non pas parce qu'elle n'en serait pas digne mais parce qu'elle a, pour ainsi dire, une connaissance plus intuitive, plus directe de la divinité »*.

On retrouve un argument similaire sous la plume du rabbin Joseph B. Soloveitchik, qui explique, lui, que les femmes doivent accomplir moins de commandements *« car, intrinsèquement, elles possèdent une supériorité spirituelle intérieure*[3] *»*.

On assiste dans ce type de justifications à un renversement radical de l'argumentation. Ce qui apparaissait dans le texte comme un handicap statutaire ou une infériorité essentielle de la femme est interprété au contraire comme l'expression d'une essence

---

Michel, 1982, p. 135 – cité par Rivon Krygier dans *La Loi juive à l'aube du XXIe siècle*, Biblieurope, 1999, p. 196.

2. Voir D. Horvilleur, « *Femmes hors du temps* », Revue *Tenou'a*, n° 141, p. 26.

3. « The lonely man of faith », Tradition 7/2, 1965, p. 22.

féminine supérieure. La femme n'est non seulement pas en « défaut » par rapport à l'homme juif mais elle disposerait de surcroît d'un privilège inné, qui la dispenserait de l'obligation d'une pratique aussi rigoureuse que la sienne. Elle n'aurait pas à être façonnée par le rite mais disposerait d'une prédisposition naturelle, une sophistication spirituelle innée.

Cette lecture apologétique ne fait pas l'unanimité parmi les interprètes. Elle est d'autant moins convaincante que la bénédiction formule clairement le statut de l'homme comme une chance et un privilège. Dans les deux bénédictions matinales qui précèdent celle-ci, l'homme rend grâces à Dieu de ne l'avoir créé ni esclave, ni non juif. On imagine mal comment ces deux conditions présenteraient aussi aux yeux des rabbins une supériorité essentielle ou spirituelle par rapport à celle de l'homme juif libre. Pourquoi, parmi les formes d'altérité évoquées dans la prière, la féminité serait-elle seule justiciable d'une lecture aussi valorisante ?

De deux choses l'une : soit la féminité représente, comme la servitude, un handicap auquel les hommes échappent et s'en estiment redevables, soit elle représente une supériorité essentielle (comme l'affirme la lecture apologétique). Dans le second cas, l'homme, naturellement dépourvu de ce « supplément », vit la pratique lui permettant de l'acquérir comme un bénéfice. Il bénit alors Dieu de ne pas l'avoir créé femme, c'est-à-dire de ne pas l'avoir créé comme un être « amputé » du devoir de pratique et de perfectionnement que constitue le culte. Dans tous les cas de figure, le féminin est donc présenté comme un genre

« en carence », dont même le supplément éventuel de talent constitue une forme de handicap.

On ignore l'origine de cette prière. Certains chercheurs mettent en lumière la proximité entre les bénédictions matinales de la prière juive et celles que l'on retrouve dans d'autres cultures et civilisations avec lesquelles les rabbins ont été en contact. Liliane Vana rappelle notamment que « *Platon remercie les Dieux d'être né "humain et non animal, homme et non femme, grec et non barbare" (tandis que) chez les Mazdéens, le fidèle exprime sa gratitude "envers le Dieu Hormiz de l'avoir fait iranien fils de la bonne religion, de la race des humains, [...] libre et non esclave, homme et non femme"*[1] ». Cette prière juive pourrait donc constituer un emprunt ou une adaptation d'un texte d'origine étrangère au judaïsme. Il faut alors s'interroger sur le choix de la conserver telle quelle aujourd'hui dans les livres au nom de la fidélité à une tradition immémoriale, alors même que des versions alternatives à cette bénédiction ont été rédigées tout au long de l'histoire juive. Ainsi, en 1471, le rabbin italien Abraham Farissol (1451-1525) composait-il un livre de prières dans lequel apparaissait une bénédiction symétrique et égalitaire : « Béni sois-tu de m'avoir faite femme et non homme. »

1. L. Vana – *« Béni sois-tu… qui ne m'as pas fait femme »* – revue *Tzafon* 60, p. 101.

L'être « trop » manquant

Dans la littérature rabbinique, la femme est tour à tour décrite comme un être manquant ou excessif. Elle est tantôt présentée comme une assistée émotionnelle ou religieuse, incapable d'autonomie et de contrôle, tantôt comme trop intimement liée au sacré ou à la divinité pour avoir besoin d'une pratique religieuse.

Ce paradoxe du « manque » et de « l'excès » fait écho aux ambivalences de la perception du féminin décrites dans la littérature psychanalytique. La théorie freudienne de la différence des sexes et de l'angoisse qu'elle suscite chez l'individu insiste de façon répétée sur les répercussions mentales pour les deux sexes d'une carence anatomique féminine. Freud décrit la femme comme possédant un « appareil génital auquel manque réellement le morceau estimé par-dessus tout[1] », ce qui déclenche chez l'homme la peur d'une castration qui le priverait de son « supplément » corporel. Mais, simultanément, l'angoisse que suscite le féminin aurait quelque chose à voir avec sa qualité d'être sécrétant. Le sexe de la femme fait peur parce qu'il exsude. La femme est ce qui déborde et qu'il faudrait contenir, celle dont il faudrait endiguer l'épanchement excessif.

Élément manquant ou débordant, le féminin est toujours un « trop » : trop vide ou trop plein. Cette ambivalence statutaire le place en position d'altérité permanente pour l'homme. Au-delà de son face-à-

1. *Abrégé de psychanalyse*, PUF, 1967, p. 62.

face avec le masculin, le féminin semble constituer une altérité pour le genre humain, en général. Ainsi, selon Jacqueline Schaeffer, le féminin serait toujours « l'autre sexe, que l'on soit homme ou femme[1] ». Il est autre par rapport à une norme qui reste masculine pour l'humanité, comme le vide par rapport au plein. C'est ce qu'exprime aussi Emmanuel Lévinas dans *Totalité et Infini*, lorsqu'il écrit que le féminin « c'est l'autre essentiellement » et que toute relation avec lui est un lien avec ce qui se dérobe à jamais.

Gender theory

> Il y a bien des comportements féminins, du féminin. Mais je pense, du plus profond de mon travail, que ce féminin n'appartient pas aux femmes[2].
>
> Élisabeth Badinter

Pour de nombreux philosophes et psychanalystes, le féminin n'est plus depuis longtemps considéré comme un attribut exclusif des femmes, ni comme caractérisant essentiellement leur nature ou leur façon d'être au monde. Il reste un vocable aussi indéfinissable qu'irréductible à une identité sexuée. Le refus d'une symétrie parfaite et absolue entre genre

1. « Le fil rouge du sang de la femme », *Champ psychosomatique*, nº 40, avril 2005, p. 39-64.
2. Dans *Le Deuxième Sexe de Simone de Beauvoir. Un héritage admiré et contesté*, L'Harmattan, p. 69.

et sexe est au cœur de ce qu'il est convenu d'appeler ces dernières années la *gender theory*. Cette discipline académique, particulièrement développée aux États-Unis et influencée par les travaux de philosophes français comme Michel Foucault ou Jacques Derrida, explore les relations hommes / femmes, non seulement par le prisme du sexe tel que biologiquement défini, mais aussi par celui du genre, en tant que statut socialement construit. La *gender theory*[1] postule que tout système binaire d'opposition (masculin/féminin, âme/corps, pur/impur, propre/sale...) instaure par nature une hiérarchie entre les termes qu'il oppose. L'un des termes de l'équation est valorisé au détriment de l'autre.

Si de nombreuses disciplines pensent depuis longtemps le masculin et le féminin par-delà l'homme et la femme, une telle dichotomie est violemment rejetée par la pensée religieuse traditionnelle. Celle-ci persiste à faire coïncider identité sexuée et identité de genre, alors même que, comme nous l'avons exploré aux chapitres précédents, le féminin est souvent capté par l'homme juif dans le culte, et que le Talmud conçoit un masculin ne s'appliquant pas à tous les hommes.

Ces derniers mois, dans le cadre des débats sur le mariage pour tous, de virulentes attaques contre la *gender theory* ont été lancées par des personnalités religieuses de premier ordre qui accusent cette théorie de menacer la séparation entre les sexes, et

1. Aucune traduction officielle de ce terme en français ne s'est jamais unanimement imposée.

plus généralement l'ordre de la famille et les fondements de la filiation.

Le Grand rabbin de France, Gilles Bernheim, dans son essai contre le projet de loi du mariage pour tous[1], met spécifiquement en garde contre la *gender theory* et l'une de ses variantes, la *queer theory*, qui tenteraient d'instaurer une « nouvelle anthropologie (…) dans l'objectif de revenir à un état premier où il n'aurait pas existé de différence sexuelle ou "genrée" ». La négation de la différence des sexes, au nom d'un genre choisi ou ressenti, est dénoncée, de façon similaire, par le pape Benoit XVI, dans son message de vœux à la Curie, prononcé le 21 décembre 2012. Il y salue d'ailleurs longuement le document rédigé par Gilles Bernheim, en reprenant les arguments énoncés par celui-ci, pour dénoncer à son tour la théorie selon laquelle « le sexe n'est plus un donné d'origine de la nature, un donné que l'être humain doit accepter et remplir personnellement de sens mais c'est un rôle social dont on décide de façon autonome, alors que jusqu'ici c'était à la société d'en décider. La profonde fausseté de cette théorie et de la révolution anthropologique qui y est sous-jacente est évidente ».

Ces représentants de grandes religions monothéistes font aujourd'hui front commun contre cette théorie philosophique des genres. Pour définir la menace qu'elle constitue, le pape et le Grand rabbin rappellent en écho que c'est la différence sexuée de

1. « Mariage homosexuel, homoparentalité et adoption : ce que l'on oublie souvent de dire », octobre 2012.

l'homme et de la femme qui constituerait, par leur dissemblance essentielle, le fondement de la rencontre avec autrui, l'altérité sacrée en socle de la transmission. Pour démontrer la complémentarité ontologique des deux sexes, le pape et le rabbin s'appuient tous deux sur le même verset, tiré du Livre de la Genèse, celui de la création du premier homme.

« Dieu créa l'homme à son image, à l'image de Dieu il le créa, **masculin et féminin**[1] il les créa » (Genèse 1 : 27).

Benoit XVI et Gilles Bernheim citent tous deux ce verset mais, de façon surprenante, tous deux introduisent une nuance par rapport à la traduction étymologique du texte. L'un comme l'autre choisissent de traduire le verset de la manière suivante :

« Dieu créa l'homme à son image, à l'image de Dieu il le créa, **homme et femme** il les créa. » Dans le verset originel figurent les mots hébraïques *zakhar* et *nekeva*, deux termes qu'on peut traduire par mâle et femelle, ou masculin et féminin, mais pas par homme et femme (qui en hébreu biblique se disent *ish* et *isha*).

C'est donc sur un verset détourné de son sens premier que s'appuie la démonstration commune du Pape et du Grand rabbin de France. Là où le verset d'origine suggère une complémentarité des genres masculin et féminin (qui peuvent s'exprimer au sein de l'homme ou entre deux individus), l'emphase est soudain placée sur la complémentarité des sexes, homme et femme, en deux êtres différenciés.

1. C'est moi qui souligne.

On comprend comment le texte ainsi traduit soutient leur démonstration, en affirmant que la différence sexuée et la complémentarité homme/femme sont le cœur du projet divin et le sens même de la création de l'humanité[1]. Il s'agit de mettre en garde contre les ravages d'une négation de la différence et l'illusion d'une liberté de choix absolue quant à nos identités.

La théorie des genres, dans sa version radicale, fait effectivement courir le risque d'une réduction moniste, quand elle propose une vision du monde qui ne connaît plus aucune distinction innée entre les êtres et où tout système binaire est aboli. L'homme et la femme n'y existent plus, puisque chacun se définit dans l'hybridisme identitaire. À quoi bon, dès lors, partir à la rencontre d'un autre puisque cet autre me compose et fait déjà de moi un être complet, autosuffisant ?

Mais, à l'inverse, le discours religieux traditionnaliste ne propose-t-il pas une vision tout aussi réductrice de ce qui sépare les êtres et construit les identités ? Le renvoi de chacun aux attributs de sa seule identité sexuée fait courir le risque d'un considérable appauvrissement de la condition humaine. Dans une telle vision du monde, le masculin

1. Le grand-rabbin Gilles Bernheim affirme (*ibid.*, p. 21) : « La Genèse ne voit la ressemblance de l'être humain avec Dieu que dans l'association de l'homme et de la femme (Genèse 1 : 27) et non dans chacun d'entre eux pris séparément. Ce qui suggère que la définition de l'être humain n'est perceptible que dans la conjonction des deux sexes. »

n'appartient qu'à l'homme, tandis qu'une femme ne peut qu'incarner « la » femme, ou plus exactement « l'éternel féminin ».

Nier le sexe au profit du genre, ou restreindre chaque sexe aux seules valeurs et attributs de son genre : les deux initiatives peuvent se révéler tout aussi caricaturales et simplificatrices l'une que l'autre.

De nombreux représentants des religions invoquent aujourd'hui les lois de la nature pour justifier les rôles assignés à chacun. Mais la biologie a cessé depuis longtemps de considérer la nature comme un « ordre » qui ne connaîtrait aucun aléa. Elle a cessé de croire à l'absolu conditionnement génétique de l'homme, au profit d'une épigénèse. L'homme n'est pas simplement défini par les données innées de son patrimoine, mais aussi par la tournure que son histoire, sa culture et son environnement ont fait prendre à son identité. Le discours religieux traditionnel s'accroche, à sa manière, à un modèle du tout-génétique, où la détermination sexuée, homme ou femme, conditionnerait exclusivement nos identités.

Penser le genre sans confusion

Il est aujourd'hui essentiel d'encourager une réflexion sérieuse sur le genre, au sein des traditions religieuses. Ce débat, déjà amorcé outre-Atlantique, est d'autant plus complexe que la pensée religieuse et le rite structurent constamment le monde en états contraires et structures binaires entre lesquels l'humanité navigue.

Dans le judaïsme, par exemple, cette division du monde est omniprésente : des séparations sont établies entre les statuts (casher/non-casher, pur/impur, etc.) et tout particulièrement entre les genres (hommes/femmes). La pratique religieuse se méfie des zones floues et des hybrides. Elle ordonne bien souvent l'univers en catégories distinctes et met en garde contre ce qui lui semble être générateur de confusion.

La confusion des genres constitue la menace par excellence, qui est définie dans les sources traditionnelles comme une « abomination ». Ce terme, *toéva* en hébreu, qualifie dans la Bible deux interdits très spécifiques.

Le premier est une interdiction du travestissement : « Une femme ne portera pas de costume masculin, et un homme ne mettra pas un vêtement de femme, car quiconque agit ainsi devant l'Éternel ton Dieu commet une abomination[1] ».

Le second est le célèbre verset du Lévitique, traditionnellement interprété comme une condamnation de l'homosexualité masculine : « Ne couche pas avec un homme comme on couche avec une femme. C'est une abomination[2]. »

Le point commun entre ces deux « transgressions » semble être la confusion des genres qui s'y profile.

1. Deutéronome 22 : 5.

2. Lévitique 18 : 22. À noter : de nombreux interprètes contemporains ont revisité ce verset pour cesser d'y lire une condamnation claire de l'homosexualité. Voir notamment l'essai du rabbin orthodoxe américain Steven Greenberg, *Wrestling with God and Men : Homosexuality in the Jewish Tradition*. University of Wisconsin Press, 2004.

La séparation claire entre masculin et féminin y est perturbée.

Dans la Bible, confusion est synonyme de chaos. Lorsque le monde apparaît dans la Genèse, chaque élément de la Création émerge par sa distinction d'un autre qui lui fait dorénavant face. La terre se sépare de la mer, les océans du ciel, la lumière de l'obscurité. Toute la Création est différenciée en un système binaire. À l'exception d'une créature : l'homme.

Une lecture attentive des débuts de l'humanité révèle au lecteur une genèse des genres bien plus subtile que celle d'une simple binarité. Un retour au jardin d'Éden peut nous permettre d'appréhender de façon originale la différence masculin/féminin.

Retour au paradis

Comme évoqué au chapitre 3, le début de la Genèse présente deux versions contradictoires de la création de l'homme. Celui-ci est d'abord créé « masculin et féminin » : l'humanité première n'est donc pas le produit d'une distinction, d'une séparation nette. Elle est ontologiquement confuse, ou plus exactement elle mêle les genres (et non les sexes) en l'Adam originel.

C'est plus tard, au deuxième chapitre de la Genèse que nous est contée l'histoire de la différentiation sexuée. Cette fois-ci, Adam est seul dans le jardin, et « il ne trouve pas de compagne face à lui ». Il se met en quête d'une partenaire femelle, comme s'il était déjà différencié, déjà tout masculin.

Or, nous savons depuis le premier chapitre qu'Adam n'est pas tout masculin. La perception de sa masculinité n'est donc pas la simple expression de son identité sexuée biologique, mais le reflet de sa subjectivité. Il s'éveille au masculin parce qu'il est en quête du féminin, ou parce que l'autre surgit face à lui.

Imaginons un instant que les deux récits successifs, a priori irréconciliables, soient simplement le reflet de deux points de vue sur une même histoire. L'Adam primordial est au départ divinement constitué des attributs qu'on nomme « masculin et féminin ».

Mais il ne le perçoit pas encore. Tel l'Adam du début du chapitre 2, à peine créé, l'homme se croit uniquement d'un seul genre, en l'occurrence le masculin, qui constitue à ses yeux l'originel. Le féminin qui l'habite aussi dès l'origine est comme refoulé, et dans sa vision du monde il lui apparaît second, à côté. Il ne deviendra visible et ne se révélera à lui que si l'homme sort de sa torpeur[1], et perçoit que ce féminin est chair de sa chair.

Shmuel Trigano rappelle qu'en hébreu le masculin se dit « zakhar », mot qui signifie littéralement « se souvenir » : le masculin serait ontologiquement marqué par l'oubli, l'amnésie de l'autre genre qui l'habite. Il lui revient de se souvenir de ce qui est en lui depuis sa création, de réhabiliter ce féminin oblitéré, c'est-à-dire tombé dans son « trou de mémoire[2] ».

1. Bien entendu, les termes masculin et féminin sont à entendre par-delà la simple différence des sexes.

2. En Hébreu, le mot « féminin » *nekeva* signifie aussi trou, oblitération.

À l'heure actuelle, le discours religieux traditionnel semble parfois souffrir de cette amnésie et demeurer à l'image du premier homme dans un temps d'éclipse du féminin. Il revient sans doute aujourd'hui aux exégètes de faire émerger le féminin du texte, de le sortir de la torpeur dans laquelle ils l'ont eux-mêmes plongé.

Ce féminin peut être défini comme une altérité qui se tient dans l'ombre, dans l'attente d'être révélée. Il est ce que Jacques Derrida qualifie de « nouveau sol d'où pourrait venir encore quelque chose d'inconnu, d'autre, de différent… peut-être[1] ».

Se mettre en quête du féminin ne signifie pas nier la différence des sexes ou l'altérité fondatrice de conjugalité. Adam n'est pas Ève, mais il lui est donné de se rappeler qu'à l'origine, féminin, il a aussi été créé. Cette prise de conscience de la complexité identitaire est la promesse d'un enrichissement de la pensée religieuse. La version dominante de l'histoire et de la tradition, la version masculine, a aujourd'hui besoin de s'éveiller à des versions oubliées ou voilées.

Ces versions existent bel et bien, et sont à chercher notamment du côté des mystiques. Dans son ouvrage sur *Le Sexe des âmes*[2], Charles Mopsik explore la pensée de nombreux cabalistes qui ont

1. *Carole Dely – Jacques Derrida : le « peut-être » d'une venue de l'autre*-femme. http://www.sens-public.org/article.php3?id_article=297

2. *Le Sexe des âmes. Aléas de la différence sexuelle dans la Cabale*, éd. de l'Éclat, 2003.

envisagé la complexité du genre par-delà sa limitation au sexe anatomique de l'individu. C'est le cas notamment du Gaon Elie de Vilna (XVIIIe siècle), qui affirmait : « mâle et femelle comprennent chacun mâle et femelle[1] ». D'autres penseurs juifs du XVIIIe siècle ont exprimé des points de vue plus audacieux encore sur la complémentarité des genres et la sexualité. Selon le rabbin Jacob Koppel, le désir pour le sexe opposé dépendrait d'une bisexualité ontologique : c'est parce que l'homme comporte en lui du féminin qu'il est attiré par la femme, et vice versa[2]. Pour ce cabaliste et pour bien d'autres encore, ce n'est donc pas l'altérité originelle qui crée le désir, mais au contraire la similitude partielle des êtres, de genre complexe. L'existence de l'autre sexe en soi générerait l'attirance pour l'autre. L'homme serait ainsi naturellement attiré par son semblable et non son dissemblable.

On comprend que ces théories aient ensuite été effacées ou obstruées par des autorités institutionnelles soucieuses de contrôler les vérités doctrinales et d'imposer un modèle normatif. « La censure sociale de ces courants dans leurs propres milieux d'origine, l'oubli plus ou moins volontaire du contenu de leurs discours dans les "catéchismes" du judaïsme de stricte orthodoxie, constituent un objet d'étude en lui-même. Mais il n'est guère douteux qu'ils ont été et sont perçus comme suffisam-

1. *Liqoutim sur le sifra distsniouta*, Vilna, 1873, cité dans C. Mopsik, p. 32.
2. *Chaarey Gan Eden*, Koretz 1803, fol. 63c, cité dans C. Mopsik, p. 33.

ment subversifs pour devoir subir cette éviction le plus souvent silencieuse[1]. »

La réémergence de ces voix étouffées est aujourd'hui critique. Il ne s'agit pas de les instrumentaliser à des fins politiques ou pour un projet social. Mais il nous faut accepter qu'elles font aussi partie du corpus littéraire qui compose notre héritage, et sont donc elles aussi « traditionnelles ». Leur regard audacieux et original pourrait nourrir une réflexion nouvelle sur la place des deux genres (et non simplement des deux sexes) dans la pensée religieuse.

L'émergence du féminin dans les religions ne se fera pas qu'à travers les femmes car le féminin ne leur appartient pas. Mais elle ne se fera pas non plus sans elles. Elle n'aura pas lieu tant que des voix jusqu'ici tues ne prendront pas part à la lecture, au commentaire et au débat, tant que le genre humain ne pourra pas percevoir la bénédiction d'avoir été créé homme ou femme, masculin et féminin.

1. *Ibid*, p. 46.

Subversion

« Nous offrons des cours de Talmud, mais… pas pour vous ». Tel est l'accueil qui m'a si souvent été réservé alors qu'il y a une dizaine d'années je tapais aux portes de centres d'étude, à la recherche d'un lieu qui me permettrait d'étudier les textes de la tradition. Dans la voix de mes interlocuteurs, je percevais parfois un peu de gêne, et presque toujours de la surprise. D'évidence, ma demande avait à leurs yeux quelque chose d'incongru et d'effronté. Ne tentais-je pas de m'immiscer dans un monde qui n'était pas le mien, un monde où la femme n'avait pas sa place ?

Lorsque la porte se refermait, je pensais bien souvent à celle qui les aurait si aisément détrompés, celle dont notre tradition étouffe étrangement le nom et l'histoire : Berouriah.

Berouriah, héroïne talmudique, est l'une des très rares femmes à y être citées sous son propre prénom. Son père et son mari avaient beau être de très célèbres sages, le texte ne fait jamais d'elle une simple « fille de » ou « femme de ». À travers plusieurs récits, elle acquiert un nom et un destin exceptionnel.

« *Berouriah apprenait 300 leçons chaque jour de 300 maîtres différents*[1]. »

Le Talmud raconte que cette femme érudite dépassait en sagesse, en connaissance et en capacité d'apprentissage, tous les hommes qui l'entouraient. Elle scelle de son opinion plusieurs débats légaux du Talmud, et en différentes circonstances son point de vue est considéré par les sages comme plus juste que celui de ses interlocuteurs. Indiscutablement, Berouriah étudiait avec les hommes, débattait avec eux et leur transmettait son érudition. Elle semblait maîtriser les sources, y compris les plus féroces à l'égard des femmes. Avec beaucoup d'aplomb, et un certain humour, elle était capable de retourner contre les hommes les arguments rabbiniques les plus misogynes.

Un proverbe bien connu des Talmudistes affirme que mieux vaut « ne pas trop parler aux femmes[2] ». Le Talmud raconte[3] qu'un jour, Berouriah croisa un célèbre sage de son temps, Rabbi Yossi le Galiléen. Celui-ci s'arrêta pour lui demander son chemin : « Pardon, mais comment puis-je aller d'ici jusqu'à la ville de Lod ? » Elle lui répondit alors : « Mais enfin, n'as-tu pas appris qu'on ne doit pas trop parler aux femmes ? Tu devrais demander : Lod, c'est où ? »

Berouriah a l'audace et l'intelligence de faire la leçon à un sage de son temps : si la conversation des femmes est à ce point inutile, pourquoi a-t-il besoin d'elle ? Berouriah est la femme du Talmud qui ren-

1. Talmud de Babylone – Traité Pessahim 62b.
2. Mishna Avot 1 : 5.
3. Traité Erouvin 53a.

voie au visage des hommes les incohérences du texte, et semble leur demander : Êtes-vous certains d'avoir bien étudié ? Êtes-vous sûrs d'avoir vraiment compris ?

Si Berouriah est une femme exceptionnelle, sa présence dans le texte ne signifie pas qu'elle ait réellement vécu. A-t-il existé au IIe siècle de notre ère une femme d'une telle érudition ? D'autres femmes étudiaient-elles aux côtés des hommes ? Si oui, pourquoi le texte n'en évoque-t-il aucune autre ?

Si Berouriah n'est qu'un mythe littéraire, une pure invention rabbinique, que cherchent à démontrer ceux qui nous racontent sa vie ? Pourquoi fallait-il qu'une femme érudite habite ainsi le texte ?

Cette question a sans doute troublé des générations de commentateurs, au point de leur faire tardivement ajouter au récit de la vie de Berouriah un dénouement dramatique. Car si le Talmud de Babylone, édité avant le VIe siècle, fait l'éloge de cette sage parmi les sages, on ne peut en dire autant de la littérature médiévale.

Cinq siècles après l'édition du Talmud de Babylone, le plus célèbre exégète de l'histoire juive, Rashi, rédige en son vignoble champenois un commentaire du Talmud. Voici qu'au sujet de Berouriah, il raconte :

> *« Un jour, Berouriah se moqua des sages en disant : les mœurs des femmes sont légères*[1]*. Son mari, Rabbi Meir, la mit alors en garde : ta vie illustrera ce principe ! Il donna ensuite l'ordre à l'un de ses étudiants de tenter de la séduire. Elle finit par céder à ses*

1. Phrase tirée du traité Shabbat 33b.

avances. Quand l'affaire devint publique, elle se pendit[1]*.* »

C'est ainsi que, selon Rashi, Berouriah aurait tragiquement fini. Parce qu'elle se moque de l'un des passages misogynes du Talmud, son mari la soumet à une épreuve, dont elle sort vaincue. Séduite par un élève de son propre époux, elle confirme ainsi le proverbe qu'elle raillait et, une fois l'adultère ébruité, n'a d'autre choix que le suicide.

La tragédie de Berouriah se fait mystérieusement jour à l'ère médiévale. Rashi cite ce récit, sans jamais en énoncer la source. D'où le tient-il ? S'agit-il d'une tradition orale, ou du simple fruit de son imagination ? Quelle qu'en soit l'origine, cette légende demeure par la suite attachée au personnage de Berouriah. La femme érudite du Talmud est aussi celle qui, dans son arrogance, tourne mal et en meurt. Sa faute n'est pas anodine : il s'agit d'une transgression d'ordre sexuel. La femme d'esprit est perdue par son corps. Tel serait le risque que l'étude fait prendre aux femmes.

À nouveau, il nous faut nous interroger sur l'historicité de ce récit. Si une femme nommée Berouriah avait connu cette fin tragique, pourquoi aurait-il fallu attendre cinq siècles pour que son histoire nous soit livrée ? Si elle ne figure qu'un mythe littéraire, pourquoi celle qu'on encense au VIe siècle devient-elle au XIe siècle la femme à abattre ? Autrement dit, Berouriah s'est-elle tuée ou a-t-elle été assassinée parce qu'elle était devenue un témoin trop gênant ?

1. Commentaire de Rashi sur le traité Avoda Zara 18b.

Tolérée un temps, sa présence ne l'était peut-être plus à l'ère médiévale, au moment précis où les textes religieux juifs et chrétiens font de la femme un si mauvais genre[1]. Berouriah devait mourir sur l'autel du féminin transgressif et conforter ainsi l'hégémonie masculine.

Mais elle n'est pas vraiment morte. Elle a toujours sa place dans le Talmud. Elle fait partie de ces ombres qui questionnent le texte et le critiquent de l'intérieur, adressant aux lecteurs les questions qu'elle posait déjà hier : Êtes-vous sûrs d'avoir bien étudié vos textes ? Êtes-vous certains de les avoir compris ?

Son personnage, sorte de grain de sable dans la machine de l'exégèse talmudique, renvoie à ce que Daniel Boyarin qualifie souvent de « fissures du texte ». Berouriah est celle qui, au cœur du système d'hégémonie masculine et d'exclusion du féminin, fait retentir une voix dissonante. Là où la norme rabbinique dit : aucune femme ne peut étudier à nos côtés, la voici qui offre un contre-exemple respecté.

Tandis que Rashi tente d'éradiquer la menace, le Talmud tolère la faille. Un personnage comme Berouriah eût été facile à effacer du texte. Un scribe aurait pu facilement s'en débarrasser, faire d'elle une anonyme ou la faire disparaître dans l'océan des légendes ésotériques. Pourtant, elle reste postée là comme un remords, une sorte de mauvaise conscience talmudique.

1. Au XIe siècle, dans le cadre des réformes grégoriennes de l'Église, les femmes sont exclues de nombreuses fonctions religieuses ainsi que des universités.

Il convient de saluer le courage de ces hommes qui ont fait perdurer dans le texte des voix dissonantes, au moment même où d'autres autorités religieuses purgeaient leurs sources ou leurs dogmes de toute trace d'« hérésie ».

La force de la littérature rabbinique tient peut-être à ce qu'elle évacue difficilement ses grains de sable, les sédimentations de son passé. Trahissant une difficulté à se censurer ou la volonté de garder trace de toutes ses voix, le Talmud cite, en de nombreux endroits, les arguments de sa propre autocritique et les éléments de son questionnement interne.

La culture de la divergence qui y règne y est sans doute pour beaucoup. Le débat d'idée y est élevé en valeur suprême, et non le consensus. Tout débat clos s'y apparente à une forme d'hérésie. Cette culture de voix discordantes peut tolérer les fissures du texte plus aisément qu'un esprit de concorde.

Subversion contre perversion

Le propre d'un discours religieux intégriste est de débuter ses phrases par : « Ma tradition dit que… » ou « Mon texte affirme sans équivoque… ». Qu'il s'agisse de la tradition juive, de celle du Coran ou des Évangiles, l'affirmation se poursuit généralement par une déclaration unilatérale, un jugement sans modération. La personne affirme ainsi que sa tradition aurait la capacité de s'exprimer d'une voix unitaire et univoque sur tel ou tel sujet. Mais existe-t-il une tradition monolithique ? Peut-on concevoir un texte hérité et transmis de génération en génération de façon non équivoque ? Qu'il l'affiche, le revendique ou le refoule, un système religieux est toujours composite.

Toute tradition abrite des discours minoritaires et des voix souterraines. Chaque narratif porte (ou cache) des versions alternatives, ou voilées. Ces versions, qui défient ou questionnent la norme établie, sont aussi traditionnelles que les versions dominantes ou autorisées. Elles ont autant de légitimité à se trouver là, malgré leur moindre visibilité. Elles constituent des « sub-versions », titillant la face officielle, sous la surface, à la manière d'un palimpseste révélé à celui qui gratte la surface de l'écrit.

Ces récits subversifs, ces fissures de texte doivent aujourd'hui alimenter les discours religieux et susciter leur autocritique. Ils constituent la voie de sortie d'une pensée religieuse monolithique, l'antidote à sa sclérose. Ces voix de subversion sont peut-être les meilleurs remparts contre la perversion d'un discours fondamentaliste impudent et impudique dont nous sommes encore si souvent témoins ou victimes.

Conclusion

« Comment pouvez-vous croire en Dieu aujourd'hui ? »

J'ignore combien de fois cette question m'a été posée. Il me semble avoir tenté bien souvent d'expliquer à mon interlocuteur que le Dieu auquel il ne croit pas, je n'y crois pas non plus. Cette iconique figure, omnisciente et interventionniste, qu'il voudrait tant me voir aimer, ce personnage à mi-chemin entre le Père Noël et le père fouettard, m'est aussi indigeste qu'à lui. Ma religion n'est pas un renoncement à la logique ni au doute. Au contraire, elle s'en nourrit bien souvent tant l'un comme l'autre habitent les textes sacrés. Si je passe l'interrogatoire, surgit alors la question subsidiaire, celle qui suit légitimement la première et s'adresse plus spécifiquement à la femme-rabbin : la religion dans son héritage patriarcal n'est-elle pas, par essence, misogyne ?

Cette interrogation simple ne tolère qu'une réponse complexe. Il est aisé de s'appuyer sur une série de textes, de versets ou d'interprétations rabbiniques d'époques diverses pour démontrer sans ambiguïté le peu de considération des rabbins pour le « sexe faible ». Mais il est tout aussi simple d'argumenter que, de génération en génération, il y eut au sein du judaïsme un souci réel de la condition féminine et du statut des femmes.

Le recours au verset, et à la littérature religieuse, permet bien souvent, et hors de tout contexte, de faire dire au texte une chose et son contraire.

Toute réponse se doit donc d'être contextualisée. Affirmer qu'un exégète du VIe ou du XIIe siècle est misogyne, sans prendre en compte l'état de la société dans laquelle il évolue, revient à le juger à la lumière de la culture et des mentalités modernes. Une telle entreprise relève au mieux de l'anachronisme, au pire de la malhonnêteté intellectuelle.

La véritable question n'est donc pas de savoir si le judaïsme (ou la religion en général) est misogyne, ou s'il le fut par la voix de ses maîtres, Maimonide, Rashi et tant d'autres. Il s'agit de savoir s'il l'est aujourd'hui, par la voix de ses interprètes et de ses représentants religieux contemporains.

La réponse à cette question est bien souvent positive. Oui, le judaïsme, comme toutes les autres traditions religieuses, est misogyne lorsqu'il ne s'interroge pas sur la place du féminin dans son système de pensée, lorsqu'il lit les textes qui parlent des femmes, qu'il s'agisse du Talmud ou de littérature rabbinique, de façon résolument anhistorique, sans jamais prendre en compte le contexte des lectures et des interprétations. Il est misogyne lorsqu'il ne conçoit pas d'autre place pour la femme que celle assignée par son corps, ses fonctions reproductrices ou les attributs de son genre, lorsqu'il ferme aux femmes les portes des maisons d'étude et de l'exégèse, lorsqu'il choisit de ne pas apporter de réponses à la détresse de femmes opprimées par une loi religieuse patriarcale.

Si les sources ne sont pas toutes misogynes, il est évident que bon nombre de leurs interprètes le sont. La somme de leurs lectures ne résume toutefois pas le texte. Ce qu'il peut dire dépasse toujours la somme de ce qu'on lui a fait dire.

Au cœur de la tradition se trouvent aussi des forces de questionnement, d'autocritique et de régénération qui méritent d'être saluées, revendiquées, et enseignées. Il nous revient de les faire émerger du texte et, à notre manière, de les incarner. Cela suppose de réveiller certaines voix endormies du texte, et parfois de créer de nouveaux chemins interprétatifs et de nouvelles modalités de lecture.

Mais apprendre à relire n'est-ce pas le cœur de tout projet religieux ? Telle en est en tout cas l'étymologie. On doit à Cicéron la toute première apparition du mot « religieux ». Dans son *De Natura Deorum* (II, 71-72), il définit ainsi le terme : « On a appelé superstitieux ceux qui pendant des journées entières font des prières et des sacrifices pour que leurs enfants leur survivent (*superstites essent*). Mais, ceux qui examinent avec soin tout ce qui se rapporte au culte des dieux et pour ainsi dire le "**relisent**" (*relegerent*), ceux-là ont été appelés des religieux [1]. »

1. Je remercie Fabrice Hadjadj de m'avoir fait découvrir cette source. Voir le texte de sa conférence prononcée le 2 décembre 2012 dans le cadre du festival des Idées – Villat Gillet (Lyon) http://www.villagillet.net/fileadmin/Contenus_site/Tickets/Evenement/TEXTES/HADJADJ.pdf.

La religion véritable s'oppose à la superstition et non au rationalisme. Elle est une capacité de relecture, celle qui nous enjoint à revisiter nos textes, c'est-à-dire à offrir de nouveaux prismes de lecture et à refuser d'en figer le sens une fois pour toutes.

Quelle contradiction qu'au sein des traditions monothéistes, ceux qui se revendiquent aujourd'hui seuls lecteurs légitimes des sources religieuses soient toujours précisément ceux qui refusent d'opérer une relecture. La religion est usurpée par des « textolâtres [1] », ces simples « lecteurs » qui ne peuvent revendiquer la démarche religieuse au sens pur du terme puisqu'ils ont figé le texte. Leur refus de revisiter leurs héritages relève souvent de la superstition, à une nuance près : ils ne prient pas seulement pour que leurs enfants leur survivent mais pour que les interprétations passées ne meurent jamais.

Ainsi, bien souvent, ceux qui se disent religieux ont déjà cessé de l'être. Mais dans notre société qui méprise ce terme, personne ne le leur conteste. Le mot « religion » est souvent devenu synonyme de pensée magique ou de dogme puéril. Il rime avec soumission inconditionnelle, obscurantisme et irrationalité. Est ainsi conforté le discours fondamentaliste qui mieux que quiconque revendique ou incarne ces trois dispositions.

Un héritage qui cesse d'être interrogé meurt. Le questionnement des sources et des rites, loin de tout

1. Le terme est de Marc-Alain Ouaknin.

dogmatisme, constitue peut-être la religion véritable. Le sens renouvelé d'un texte constamment revisité constitue sa seule lecture fidèle. En cela, je peux croire.

Postface

Féministe et juive, pas féministe juive

À la mémoire d'Ariane Uzan
qui, lorsqu'elle me demandait si je croyais
vraiment à tout cela, m'invitait à laisser
de la place au doute, toujours…

« C'est l'histoire de deux juifs qui discutent devant un établissement de bains publics.

L'un demande à l'autre : "Tu as pris un bain ?"

L'autre lui répond : "Non, pourquoi ? Il en manque un[1] ?" »

La sagesse juive affirme qu'il faut toujours s'efforcer de commencer son propos par une blague – ce qu'en araméen on appelle *Mila Debdih'outa*, un « mot d'humour » – apte à ouvrir l'esprit de celui à qui on s'adresse. C'est peut-être l'une des raisons d'être de l'humour juif, qui fascine tant et qu'on peine à définir. Cet humour repose souvent sur la possibilité de faire surgir le rire dans un entre-deux-

1. Cette blague m'a été racontée par le rabbin Marc-Alain Ouaknin.

sens : le jeu de mots ouvre une faille dans le langage, d'où peut jaillir l'éclat de rire. C'est parce qu'un mot peut toujours dire plus qu'il ne semble dire, parce qu'il existe un au-delà du sens unique, qui permet l'interprétation, que l'humour a la capacité de donner à penser et de faire travailler l'intelligence. Celui qui écoute a un pouvoir qui échappe à celui qui parle, car il a le privilège d'entendre sa parole autrement.

Lorsque le livre que vous tenez entre les mains est paru, en 2013, et qu'il m'a été donné de le présenter lors de conférences ou de discussions publiques, j'en ai fait l'étrange expérience. Je ne compte pas le nombre de fois où la personne qui m'invitait à parler déclenchait le rire des auditeurs en déclarant naïvement : « Delphine Horvilleur présentera son livre *En tenue d'Ève.* » L'italique étant inaudible, nombreux sont ceux qui entendaient dans cette phrase la promesse cocasse d'une présentation, disons, originale de la part de l'auteure. Et tant mieux, parce que, après tout, c'est exactement de ce malentendu que traite le livre : du constat que la femme est toujours perçue comme un peu plus nue qu'un homme quand elle prend la parole dans l'espace public, ou simplement lorsqu'elle s'y tient.

Les traditions religieuses ont bien souvent ramené la femme à cette nudité essentielle ou, plus exactement, elles ont fait d'elle un être « à découvert » : même quand la femme est aussi vêtue qu'un homme, elle reste un peu plus nue que lui. La chevelure, le visage et la voix, ces lieux du *logos* et de l'expression du sujet au masculin, deviennent, au féminin, des zones érogènes, une exhibition indécente ou une intolérable tentation à recouvrir. La femme est finalement en tenue d'Ève dès qu'elle paraît à l'extérieur, dans l'espace public. Et les voix fondamentalistes de toutes les religions se plaisent à enfermer cet « éternel féminin » en lui-même, à l'essentialiser en le renvoyant exclusivement à un domaine : la sphère de l'intériorité, du foyer, du mystérieux et du voilé.

Cette vision du féminin n'est pas propre à l'imaginaire religieux : on la retrouve dans nombre de contes et de légendes populaires. Ainsi, les héroïnes des récits de notre enfance sont souvent à l'image de la Petite Sirène : son chant menace l'homme, et elle est invitée à nager exclusivement dans les eaux profondes, à éviter tout contact avec la terre ferme ou le monde extérieur. Elle n'accède d'ailleurs à celui-ci qu'à condition de renoncer à sa voix ou à son corps. Dans les contes comme dans les récits traditionnels, la parole des femmes est une impudeur : elle suscite le désir et perturbe l'ordre du monde. Rares sont donc les princesses qui s'aventurent hors des murs de leur château ou des hauteurs de leur tour sans semer le chaos dans l'histoire ou la nature.

Ce féminin éclipsé, bien des discours religieux l'encensent ou le confortent. Ils font de la femme l'être dont on parle et non celui *avec qui* l'on parle, un sujet de discussion et non un sujet dans la discussion. Le féminin est le genre de l'Autre, et celui de la pudeur. Voilà pourquoi on le tient à la périphérie du système, à distance du culte, à l'écart du rite ou loin du leadership religieux, dont la norme reste masculine.

Pour justifier cette exclusion, les arguments apologétiques fleurissent au sein des trois religions monothéistes. On y prétend que les femmes seraient si spirituelles, sensibles et empathiques, ou si naturellement supérieures aux hommes, qu'elles seraient exemptées de certains commandements ou tâches, qu'elles échapperaient aux injonctions du rite, au poids d'un leadership religieux ou à la pénible responsabilité d'un sacerdoce. Elles seraient tout simplement « bien au-dessus de tout cela ». Le mode opératoire est connu : il s'agit de célébrer le féminin pour mieux l'aliéner, tel un élégant prélude à l'enfermement dans un rôle imparti, celui que lui assignerait son genre.

De façon troublante, ce discours est parfois tenu par les femmes elles-mêmes. Elles revendiquent alors avec le plus de virulence ce territoire qu'on leur attribue, comme un lieu restreint où elles exerceraient pleinement leur expertise naturelle. Il est fréquent que des femmes deviennent les « gardiennes du temple » les plus acharnées, y compris dans la protection de rites incontestablement chargés de patriarcat. Ce sont elles-mêmes parfois qui exigent d'être tenues à l'écart, ou qui perçoivent leur propre corps comme impur ou menaçant pour l'homme. Peut-on le comprendre autrement que comme une position de repli, un engagement religieux par défaut ? Faute d'avoir pleinement accès au texte et à son interprétation, au savoir et à l'exégèse qui fonde tout pouvoir religieux, il ne leur reste qu'à défendre ce qui ne leur parvient que « filtré » par l'interprétation toute masculine des textes, et à s'instaurer garantes de la pérennité de cette lecture.

Sans accès au texte et au savoir, aucune lecture critique d'un héritage n'est possible ; on ne s'y relie alors qu'en confortant les traditions existantes, à défaut de pouvoir les revisiter ou les interroger. L'accès au savoir et à l'exégèse du texte demeure incontestablement pour les femmes la clé d'une émancipation véritable dans le monde religieux. Car c'est seulement grâce à lui qu'on peut rendre au verset la force de son pouvoir-dire et ne pas se restreindre à ce qu'on lui a fait dire au cours des siècles. La possibilité d'une lecture critique dépend de lui.

Un exemple particulièrement célèbre de relecture du texte est présenté dans ce livre, avec le récit que donne la Genèse de la création d'Ève à partir de la « côte » d'Adam. L'hébreu emploie un terme qui, presque partout ailleurs dans les sources, signifie « côté » et non « côte ». Dès lors, la femme surgit-elle dans le texte comme un os, c'est-à-dire un élément de soutien subordonné à un masculin premier, ou est-elle créée *à côté* d'Adam, permettant le premier face-à-face humain de l'histoire ? Ce double sens hébraïque invite à s'interroger sur ce qu'aurait permis une autre traduction du verset que celle qui s'est imposée pendant des siècles.

Mais que dit-on vraiment lorsqu'on affirme que le texte aurait pu être lu et interprété autrement ?

L'erreur consiste, à mon sens, à suggérer que les lectures passées sont toutes fautives et que de nouvelles traditions viendraient les corriger. Cela revient à dire que le texte est toujours plus « féministe » que ses lecteurs ; ou que les hommes qui l'interprètent seraient toujours plus « misogynes » que lui. Outre le fait que ces catégories sont anachroniques et impropres à qualifier les lecteurs qui nous ont précédés, et qui appartenaient à un tout autre univers culturel que le nôtre, cette défense « à tout prix » du texte contre ce qu'on lui a fait dire nous fait retomber dans l'écueil apologétique. C'est en effet alors prétendre que le texte ne peut qu'être conforme à notre sensibilité ou à notre culture. Comme s'il fallait sauver l'honneur du verset ou même de Dieu lui-même en le préservant de lectures illégitimes ou immorales à nos yeux. *La question n'est jamais tant ce que le texte veut dire que ce que l'on fait de ce qu'on lui a fait dire.* La femme créée à côté d'Adam a bel et bien dû vivre à travers les siècles en portant cette « côte » comme d'autres leur croix (si l'on me permet cet emprunt allégorique). Et l'identité féminine aujourd'hui est aussi héritière de cela.

Il me semble donc plus pertinent de reconnaître que le texte a été interprété selon cette lecture à travers les siècles et que nous sommes les enfants de celle-ci, qu'elle nous plaise ou non. Mais, parce que nous savons qu'il existe d'autres possibilités de sens, et parce que nous sommes aussi les enfants d'un contexte qui permet de repenser les rapports entre les sexes et d'exercer une lecture critique, il nous est donné d'enrichir et de fertiliser notre rapport au texte de relectures plus complexes.

Ainsi, il nous revient de continuer à faire parler un texte qui n'est ni féministe ni misogyne, mais qui « est » tout simplement là, hanté par ce qu'on lui a fait dire mais prêt à dire encore, à travers nous. Et sa sacralité tient au fait qu'il n'a pas fini de faire sens et qu'il attend que de nouveaux lecteurs le fassent parler encore. Nos textes n'ont pas fini de dire, sauf si notre idéologie les bâillonne au point d'en faire des prétextes à conforter nos certitudes.

C'est la raison pour laquelle, à mon sens, il existe un malentendu sur le féminisme dit « religieux », qu'il soit juif, musulman ou chrétien. À l'heure où certains suggèrent qu'il suffit qu'une femme parle depuis sa tradition pour que sa parole soit « féministe », il me semble nécessaire de rappeler ce qu'est tout féminisme, qu'il soit porté par la voix d'un homme ou d'une femme : une pensée critique contre un système qui aliène le féminin, un engagement universel qui ne tolère aucun adjectif. Parce qu'il est incontestable que les exégèses traditionnelles de nos textes ont servi ou contribué à l'aliénation des femmes tout au long de l'histoire et qu'elles continuent dans bien des lieux de le faire aujourd'hui, il est impossible selon moi de parler de « féminisme religieux ». Il faut, au contraire, chercher ce qui permettra à nos traditions de rester vivantes et pertinentes, parce qu'elles seront interrogées par des féministes érudits et érudites. Il faut nous demander ce qui leur permettra d'être à la hauteur de leur idéal de justice et d'égalité, grâce aux futurs lecteurs et lectrices de ces versets.

Voilà pourquoi je suis non pas féministe juive mais féministe *et* juive. Parce que je crois que mon engagement féministe saura enrichir cette lecture juive des textes qui fonde mon identité religieuse. Rien n'est plus impudique que de déshabiller un texte des sens qu'il pourrait encore avoir.

Paris, le 24 octobre 2017

Bibliographie

John Langshaw AUSTIN, *Quand dire, c'est faire*, Le Seuil (1970).

Pauline BEBE, *Isha. Dictionnaire des femmes et du judaïsme*, Calmann-Lévy (2001).

Damiel BOYARIN, « This we know to be the carnal Israel » : Circumcision and the Erotic Life of God and Israël, *Critical Inquiry* 18 (1992), p. 474-505.

Daniel BOYARIN, *Carnal Israel : Reading Sex in Talmudic culture*, University of California Press (1993).

Daniel BOYARIN, *Unheroic Conduct : the Rise of Heterosexuality and the Invention of the Jewish Man*, University of California Press (1997).

Jacques DERRIDA, *Voiles*, livre d'entretien avec H. Cixous, Galilée (1998).

Mary DOUGLAS, *De la souillure. Études sur la notion de pollution et de tabou*, Éd. La Découverte, (1992).

Howard EILBERG-SCHWARTZ, Wendy DONIGER, *Off with her head ! The denial of women's identity in myth, religion and culture*, University of California Press (1995).

Sander L. GILMAN, *The Jew's Body*, Routledge (1992).

Steven GREENBERG, *Wresting with God and Men : Homosexuality in the Jewish Tradition*, University of Wisconsin Press (2004).

Marcela IACUB, *Le Trou de la serrure. Une histoire de la pudeur publique*, Fayard (2008).

Ilany KOGAN and A. CELENZA, *Escape from selfhood*, IPA publication (1991).

Admiel KOSMAN, *Le Traité des Hommes. Sur la masculinité, l'amour et l'authenticité dans le récit aggadique et hassidique*, Keter (2002 – en hébreu).

Rivon KRYGIER, *La Loi juive à l'aube du XXI*e *siècle*, Biblieurope (1999).

Céline MASSON (éd.), *Shmattès. La mémoire par le rebut*, éd. Lambert-Lucas (2007).

Charles MOPSIK, *Le Sexe des âmes. Aléas de la différence sexuelle dans la Cabale*, éd. de l'Éclat (2003).

Gilles-Avraham MORALI, *Kabbale, corps et âme*, Éditions Ramhal (2009).

José MOREL CINQ-MARS, *Quand la pudeur prend corps*, Le *Monde*-PUF (2002).

Marc-Alain OUAKNIN, *Le Livre brûlé. Lire le Talmud*, Lieu commun (1986) ; Le Seuil, « Points Sagesses » (1993).

Marc-Alain OUAKNIN, *Zeugma. Mémoire biblique et déluges contemporains*, Le Seuil (2008).

Catherine RODGERS, *Le Deuxième Sexe de Simone de Beauvoir. Un héritage admiré et contesté*, L'Harmattan (1998).

Isaac Bashevis SINGER, *Yentl et autres nouvelles* (1983).

Serge TISSERON, *La Honte. Psychanalyse d'un lien social*, Dunod, collection « Psychismes » (1992).

Serge TISSERON, *L'Intimité surexposée*, Ramsay (2001).

Shmuel TRIGANO, *Le Judaïsme et l'Esprit du monde*, Grasset (2012).

Elie WIESEL, *Célébration biblique*, Le Seuil (1991).

Stéphane ZAGDANSKI, *L'Impureté de Dieu*, Éditions du Félin (1991).

Je remercie les élèves du *café biblique*, le cercle d'étude interactif du MJLF, qui ont mêlé leurs voix au texte et fait naître le projet de ce livre. Merci à Paul Bernard, Jennifer Schwarz et Antoine Strobel-Dahan pour leurs précieux conseils et commentaires.

Merci enfin à Ariel, qui sait si bien être une « *aide contre moi* » (Genèse 2 : 18).

Table

RÉALISATION : IGS-CP À L'ISLE-D'ESPAGNAC
IMPRESSION : NORMANDIE ROTO IMPRESSION S.A.S. À LONRAI
DÉPÔT LÉGAL : JANVIER 2018. N° 137732 (1705125)
Imprimé en France